G. LAMY

Voyage

DU

NOVICE JEAN-PAUL

A TRAVERS LA FRANCE D'AMÉRIQUE

Armand COLIN & Cie, Éditeurs

VOYAGE

DU

NOVICE JEAN-PAUL

A TRAVERS LA FRANCE D'AMÉRIQUE

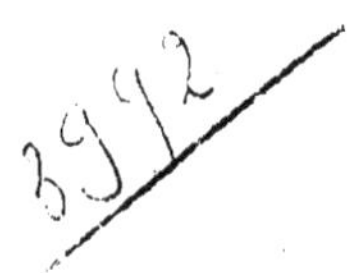

COULOMMIERS. — IMP. P. BRODARD ET GALLOIS.

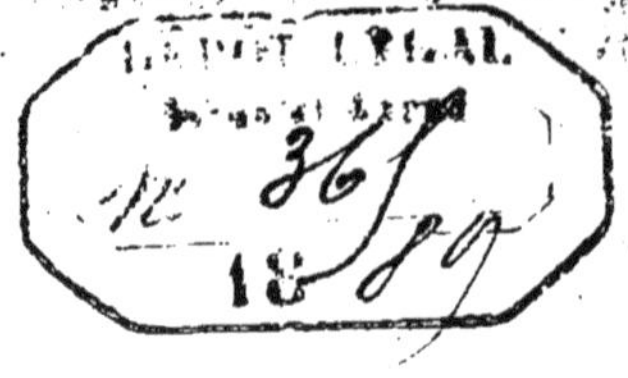

VOYAGE

DU

NOVICE JEAN-PAUL

A TRAVERS LA FRANCE D'AMÉRIQUE

PAR

GEORGES LAMY

Professeur au lycée Lakanal.

Ouvrage illustré de 54 gravures

PARIS

ARMAND COLIN ET Cie, ÉDITEURS

1, 3, 5, RUE DE MÉZIÈRES.

1890

PRÉFACE

Le petit livre que nous présentons au lecteur ne comporte ni aventures extraordinaires ni incidents compliqués. C'est le récit tout simple d'un voyage qui ne sort en rien de l'ordinaire. Ce récit n'a d'autre prétention que de présenter à nos jeunes lecteurs, sous une forme vivante et pittoresque, un tableau d'ensemble de la vie et des mœurs des Français d'outre-mer et des aspects si variés de leur pays.

La littérature des Voyages extraordinaires, *mise à la mode il y a une trentaine d'années, émouvante comme celle des romans d'aventures, en a un peu les inconvénients. Le héros fait tort au voyage : c'est à ses aventures, non à la nouveauté des pays qu'il parcourt que le jeune lecteur s'intéresse, et la petite encyclopédie de connaissances précises, qu'on essaye de glisser dans son esprit sous le couvert de péripéties attachantes, reste pour lui le plus souvent lettre morte. Il court la poste, brûle les étapes, tournant fiévreusement les pages pour arriver plus vite aux catastrophes émouvantes et au dénouement rassurant. On met ainsi en jeu l'imagination de l'enfant, — faculté qu'il importe bien plus de diriger que de surexciter, — non sa réflexion, non son aimable curiosité naturelle qu'il est si facile de faire servir à son instruction.*

Dans le novice Jean-Paul, *c'est moins un héros que nous présentons à nos jeunes lecteurs qu'un compagnon de voyage chargé, en les guidant, de tromper l'ennui et la monotonie du chemin. Nous espérons que l'intérêt du voyage suffira pour fixer leur curiosité, et qu'ils nous pardonneront de n'avoir disposé que trois ou quatre péripéties le long de la route, pour délasser et rafraîchir leur attention.*

Les informations que renferme notre récit ont été choisies avec un grand souci de l'exactitude et de la précision. Celles qui n'ont pas été puisées dans les souvenirs personnels de nos voyages en Amérique ont été empruntées aux meilleures sources, notamment à l'ouvrage — écrit de verve — sur le Canada, qu'a publié à Paris M. Sylva Clapin, un Canadien, et au beau livre sur les Jésuites dans l'Amérique du Nord, *de Francis Parkmann, l'illustre historien américain qui a si bien mérité de la France par la chaleur d'âme et de sympathie avec laquelle il a parlé des vaincus.*

Aimer la France, c'est l'aimer tout entière, dans son passé comme dans son présent, c'est l'aimer dans tous les siens et jusque dans les enfants qui lui ont été ravis. Nous souhaitons que ce petit livre engage nos jeunes lecteurs à payer de retour ces Français d'Amérique, si tendrement, si fidèlement attachés à la patrie perdue, et qu'en apprenant à aimer ces amis lointains en même temps qu'à les connaître, ils fassent mentir le proverbe : « Loin des yeux, loin du cœur. »

G. L.

VOYAGE
DU
NOVICE JEAN-PAUL
A TRAVERS LA FRANCE D'AMÉRIQUE

CHAPITRE I

Le départ. — Terre-Neuve. — La vie du pêcheur de morue. — Égarés en pleine mer. — Un voyage involontaire.

Ce soir-là, la maison de la veuve du pêcheur de Trescoff était triste, de cette tristesse silencieuse qui suit le départ de ceux qu'on aime pour les lointains voyages dont tous ne reviennent pas. Deux ans auparavant, Yvon Karlec, le robuste pêcheur, le loyal marin au regard droit qui laissait voir jusqu'au fond de son âme simple et bonne, était mort dans la force de l'âge, enlevé par la lame dans le déchaînement d'une nuit de tempête.

Pendant deux ans, la veuve du pauvre pêcheur s'était arrachée à sa douleur pour assurer le sort des six enfants que « le père » lui avait laissés. Par un miracle de vaillance et d'économie, elle avait suffi à tout et à tous. Mais le moment était venu où elle n'allait plus être seule à se dévouer : l'aîné de la famille, Jean-Paul, à peine entré dans sa quinzième année, avait obtenu d'être admis comme novice à bord de la *Jeune Marie*, brick de 200 tonneaux, qui partait de Saint-Malo pour aller à la pêche de la morue sur les bancs de Terre-Neuve.

Jean-Paul était bien jeune pour entreprendre ce rude métier de pêcheur de morue qui est le plus dur apprentissage de la vie de marin. Mais il pensait qu'il ne pouvait gagner trop péniblement l'argent qui devait venir en aide à sa mère, et d'ailleurs il était né marin : ce voyage au long cours, le premier qu'il eût encore entrepris, n'avait que des attraits et point de terreurs pour lui.

Or, par une matinée humide et grise de mars, les petits et la mère l'avaient accompagné à Saint-Malo. Longtemps après que l'ancre de la *Jeune Marie* eut dérapé, les petits avaient continué d'agiter leurs mouchoirs en guise d'adieu au grand frère qui partait, tandis que la pauvre mère, en regardant s'éloigner le navire qui emportait son fils se demandait avec terreur si la mer qui lui avait pris son mari lui rendrait son enfant.

La *Jeune Marie* était partie le 22 mars. Après trois semaines d'un voyage sans incident, elle entra le 15 avril dans la région des brumes qui annoncent l'approche de la grande île de Terre-Neuve, sentinelle avancée du continent américain dont elle semble un tronçon détaché par les flots.

A bord de la *Jeune Marie* on redoubla de précautions, des vigies furent placées au grand mât et à l'avant du navire, pour signaler les glaces flottantes et, de peur d'une collision, on sonna la trompe toutes les minutes pour avertir les navires qui auraient pu se trouver dans le voisinage. L'abord de Terre-Neuve est, en effet, redoutable : malheur au navire qui rase de trop près ses côtes escarpées, hérissées d'écueils, de promontoires aigus, car, noyées dans la brume, elles se laissent voir trop tard. Nos brouillards ne donnent aucune idée de cette brume lourde, épaisse, opaque. Et pourtant c'est ici la grande route d'Europe en Amérique, car, si vaste que soit l'Océan, il n'y a pour les navires qu'un seul chemin, le plus court, et ils creusent tous le même sillon. Chaque mois, chaque semaine, ils s'enfoncent, se croisent par centaines, comme à tâtons, dans cette obscurité blanche, au risque des rencontres fatales.

Pour ajouter au péril, c'est au milieu de ce grand chemin de l'Océan, sur les bancs de Terre-Neuve, plateau sous-marin à peine recouvert d'une soixantaine de mètres d'eau, que viennent s'installer pendant l'été les pêcheurs de morue.

La *Jeune Marie* ne tarda pas à reconnaître qu'elle avait rejoint la flottille qu'attire chaque année des deux rives de l'Océan, des ports de France et du Canada sur les bancs de Terre-Neuve, la pêche de la morue.

Les préparatifs de la pêche furent bientôt faits. Jean-Paul et les matelots de la *Jeune Marie* revêtirent le costume traditionnel du pêcheur de morue, camisole aux vives cou-

La *Jeune Marie* pêchant sur les bancs de Terre-Neuve.

leurs, bleue et blanche, ou blanche et rouge, long bonnet de laine bleue qui tombe jusque sur les oreilles, larges chausses de laine qui tiennent lieu à la fois de bas et de culottes et qui s'enfoncent dans de hautes bottes. Jean-Paul, pour qui la traversée n'avait été qu'un voyage d'agrément, partagea, à partir de ce moment, la vie pénible et précaire des pêcheurs de morue.

Chaque jour, de la *Jeune Marie* qui était à l'ancre, se détachaient de petites chaloupes, des *dorys*, qui montées par les pêcheurs s'en allaient au loin jeter les lignes de fond ou lignes dormantes. On appelle ainsi un immense cordeau long de quinze cents mètres, auquel sont attachées de mètre en mètre des cordelettes où sont fixés l'hameçon et l'appât. Un grappin entraîne et retient au fond de la mer la ligne dormante dont une petite bouée surmontée d'un drapeau indique l'emplacement.

De grand matin, chaque jour, les dorys repartaient du navire pour aller lever les lignes; dans les jours de pêche fructueuse chaque ligne donnait jusqu'à cinq cents morues dont les plus belles n'avaient pas moins d'un mètre de longueur. Quand ils rentraient à bord, la journée des pêcheurs n'était pas finie, car il fallait *habiller* la morue, c'est-à-dire la préparer, puisqu'elle ne se conserve qu'à condition d'avoir été salée. La pêche se continua ainsi pendant plusieurs mois.

Entre temps, la *Jeune Marie*, dès que sa cargaison était complète, allait débarquer son chargement de morues à l'île Saint-Pierre, seul débris, avec Miquelon, qui reste à la France de l'immense empire qu'elle fonda dans l'Amérique du Nord. Nos braves pêcheurs y trouvent du moins, à l'abri de notre drapeau, une hospitalité française : ils sont là chez eux.

Les cargaisons débarquées à Saint-Pierre sont mises à bord de rapides voiliers aux formes élancées, construits spécialement pour ce service, qui les transportent aux ports de France, tandis que les navires de pêche vont chercher sur les bancs une cargaison nouvelle.

Par cette division ingénieuse du travail, chaque navire de pêche, dans les bonnes an-

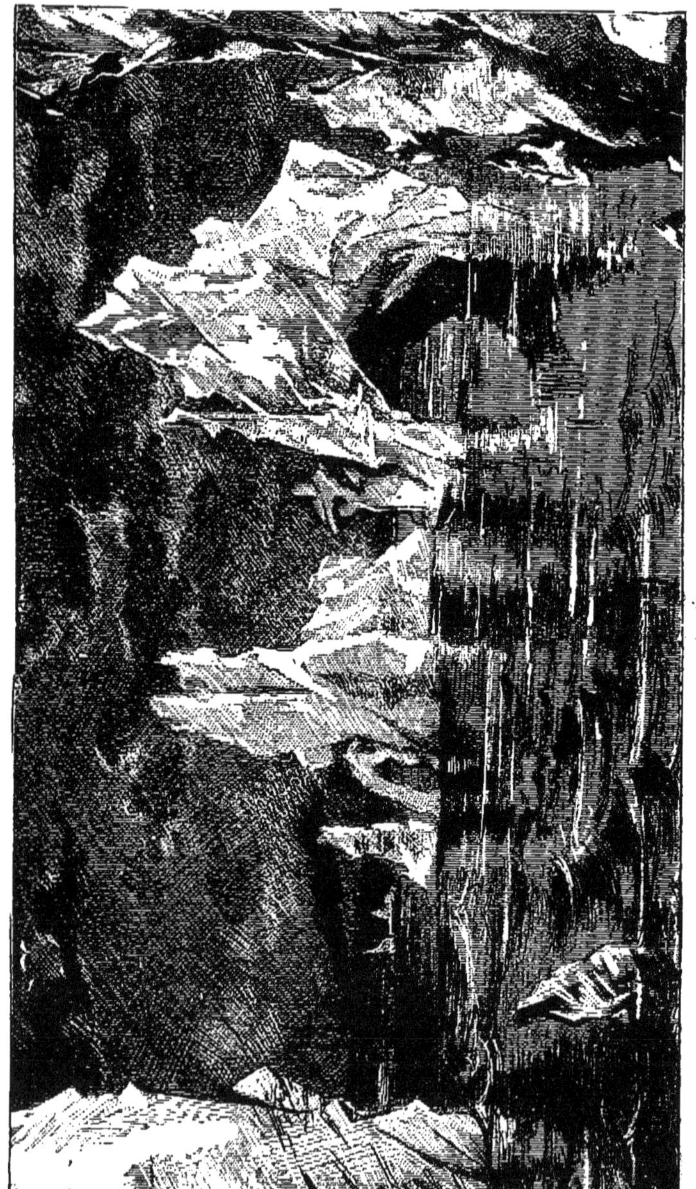

Icebergs ou montagnes de glaces flottantes.

1.

nées, rapporte à son propriétaire, au lieu d'une seule cargaison, la valeur de plusieurs chargements.

Jean-Paul s'était fait à sa dure besogne; à l'attention et à la présence d'esprit qu'elle réclame, il joignait une complaisance qui l'avait fait aimer de tous les marins du bord. Dans le va-et-vient de ces courses journalières il avait plus d'une fois connu les dangers qui sont le lot de ces braves gens.

Un jour qu'il regagnait la *Jeune Marie* dans sa chaloupe avec deux de ses compagnons, de la brume émergea soudain, se dressant au-dessus de la frêle embarcation comme un effrayant fantôme, la masse énorme d'un paquebot qui marchait à toute vapeur. C'en est fait, la barquette va être coupée en deux... Mais non, Jean-Paul qui est au gouvernail, tendant ses muscles, donne un coup de barre à droite et, frôlée par l'énorme navire, la chaloupe est violemment rejetée hors de la route du puissant vapeur par le remous des eaux qu'il écarte de sa proue tranchante. Le brouillard se referme sur cette lugubre apparition sans que personne à bord du rapide marcheur ait entendu le cri d'angoisse échappé aux pêcheurs.

Un autre jour, une éclaircie laissa voir aux marins de la *Jeune Marie* un énorme *iceberg*, montagne de glaces flottantes haute de plus de soixante mètres, aux contours déchiquetés comme ceux d'une ruine gigantesque, qui courait droit sur eux, poussée par les vents et les flots. Ils n'ont que le temps de lever l'ancre... Encore quelques minutes et la *Jeune Marie* était broyée comme verre par le choc de cette île flottante.

Mais il était réservé à Jean-Paul d'échapper à une mort plus affreuse encore. La pêche durait depuis six mois et la campagne qui avait été excellente touchait à sa fin. On était au 30 septembre; la *Jeune Marie* complétait sa dernière cargaison et s'apprêtait à mettre le cap sur la France.

Le 1er octobre, tandis que Jean-Paul était dans un dory, occupé avec un seul camarade à relever les lignes, un coup de vent subit emporta l'embarcation loin des bouées. Jean-Paul et son compagnon cherchèrent vainement à rallier le bord : ils s'aperçurent bientôt avec terreur qu'ils étaient perdus dans la brume, égarés en pleine mer. Deux jours et deux nuits durant, ils errèrent ainsi dans la brume épaisse, sans entendre de réponse à leurs appels désespérés.

Enfin le 3 octobre au matin, le brouillard s'étant légèrement levé, ils reconnurent à une faible distance un trois-mâts barque qui se dirigeait vers eux toutes voiles déployées. Leurs signaux furent aperçus et les pauvres pêcheurs furent recueillis à moitié morts de froid et d'épuisement à bord du *Maëlstrom*, voilier norvégien qui faisait route de Christiania à Québec. Les soins les plus empressés leur furent prodigués par le capitaine et l'équipage du *Maëlstrom* et, en quelques jours, ils furent remis des souffrances et des terribles émotions qu'ils avaient endurées.

CHAPITRE II

L'entrée de la France d'Amérique. — Le golfe du Saint-Laurent. — L'hivernage dans l'île du Prince-Édouard. — Un service postal dangereux. — Le bateau patin. — Une traversée sans agrément. — Le « spectre du Saguenay. »

Mais Jean-Paul se lamentait à la pensée que la *Jeune Marie* cinglait vers les côtes de France en ce moment même où il s'en éloignait de plus en plus. Il se résigna néanmoins à faire contre fortune bon cœur et, la curiosité naturelle à son âge prenant le dessus sur son chagrin, il finit par s'intéresser à la nouveauté des spectacles qui ne etardèrent pas à se dérouler sous ses yeux.

Il était depuis huit jours à peine à bord du *Maëlstrom* quand une île bizarrement découpée en fer à cheval fut signalée : c'était la grande *île du Cap-Breton*. Le *Maëlstrom* s'y arrêta quelques heures pour prendre des vivres frais et le jeune Breton, ravi de débarquer sur cette terre qui portait le nom de sa vieille province, le fut plus encore en entendant résonner à ses oreilles la langue française.

En quittant l'île du Cap-Breton, le *Maëlstrom* remonta le *golfe du Saint-Laurent.* Ce golfe est si vaste que les habitants l'appellent « la Mer du Canada. » C'est la mer en effet, avec ses vastes îles, ses horizons sans limites, ses vagues éternellement agitées. Une tempête, que la proximité de la côte rendait dangereuse, obligea le capitaine Hendricksen, du *Maëlstrom*, à mettre le cap sur Charlottetown, le port principal de l'*île du Prince-Édouard*, la perle de cette mer du Saint-Laurent.

Cette grande île est comme un petit monde à part qui se suffit à lui-même. Sur le sol gracieusement ondulé, qu'arrosent des rivières abondantes en saumons et en truites, fermes et villas alternent avec de magnifiques forêts que la hache du bûcheron n'a pas encore touchées. En été la température y est délicieuse : point de brouillards, ni d'humidité, mais la vive lumière de nos pays du Midi. Les brises de mer fraîches et vivifiantes, qui s'embaument en passant sur les bois de pins résineux, y soufflent presque constamment.

Mais il y a deux Canada, celui de l'été et celui de l'hivernage. En voyant ces paysages riants, baignés d'une tiède lumière, Jean-Paul avait peine à s'imaginer que, deux mois plus tard, cette île verdoyante serait recouverte d'une neige épaisse, balayée par les vents polaires et séparée du reste du monde par une banquise presque infranchissable.

Le capitaine Hendricksen, qui avait pris Jean-Paul en amitié et qui s'amusait de sa curiosité toujours en éveil, lui raconta que, de janvier à mai, le détroit de Northumberland qui sépare l'île du Prince-Édouard de la terre ferme étant glacé, les sacs de lettres et de journaux à destination des villes et des villages de l'intérieur de l'île sont apportés au cap Tormentine, le promontoire le plus avancé du continent, distant ici d'environ 15 kilomètres. On les met à bord d'un bateau à double fond, construit spécialement pour ce service, dont la quille repose sur des lames d'acier qui glissent sur la glace comme la semelle d'un patin. De hardis marins poussent cet étrange véhicule à travers la plaine glacée que hérissent çà et là les crêtes aiguës de vagues figées. Quand on arrive à un endroit libre de glace, le bateau est mis à l'eau et les facteurs-pilotes s'y embarquent. Le voyage est long, pénible, dangereux, et il va sans dire qu'il n'est guère de voyageurs en hiver pour profiter des facilités de ce courrier.

« Quel est, demanda Jean-Paul au capitaine Hendricksen, en lui montrant un steamer qui était à l'ancre à peu de distance du *Maëlstrom*, ce navire de forme bizarre ?

— C'est la *Lumière du Nord*, un steamer que le gouvernement canadien a fait construire spécialement pour le service de l'île du Prince-Edouard pendant l'hiver. »

Destiné à s'enfoncer comme un coin dans la glace, ce bateau rappelle par son aspect un de ces coins de bois qu'emploient les menuisiers et il en a la solidité. D'une forme massive, comme s'il était d'une seule pièce, il peut opposer à la pression des glaces une force de résistance incroyable. Son avant est cuirassé d'une sorte d'éperon qui lui sert de brise-glace.

Ses voyages à travers une plaine solide où l'épaisseur de la glace atteint souvent un mètre ont été marqués par d'émouvants incidents. Tantôt le malheureux paquebot, enserré dans un champ de glaces flottantes, dérive à la merci des vents et des tempêtes; tantôt, également incapable d'avancer et de reculer, il est emprisonné pendant des jours et des semaines dans l'immobile banquise.

Au mois d'octobre 1882, il mit ainsi trois semaines à accomplir la traversée du détroit, ballotté sans pouvoir se dégager de sa mouvante prison. Les passagers et l'équipage, à court de vivres, étaient exposés à mourir de faim en vue du rivage d'où on apercevait le paquebot en perdition sans pouvoir le secourir. La provision de combustible épuisée, ils furent réduits, pour se protéger contre un froid polaire, à brûler toutes les boiseries de la cabine et n'échappèrent que par miracle à la mort.

Il ne fallut pas moins d'une semaine de navigation au *Maëlstrom* pour remonter le Saint-Laurent jusqu'à Québec.

Avec quel enthousiasme Jean-Paul salua les admirables rivages que longeait le navire! La rive septentrionale que couronnent de sombres forêts de sapins surplombe le fleuve comme un mur abrupt de plusieurs centaines de mètres de hauteur. Le spectacle, qui variait à chaque heure de la journée, à chaque détour du fleuve, était grandiose et charmant.

A le contempler, Jean-Paul se sentait transporté dans la solitude imposante des premiers âges de l'Amérique, et il rêvait, les yeux grands ouverts, de chasses au castor et de batailles avec les Peaux-Rouges.

Quand le *Maëlstrom,* en louvoyant, venait à raser la rive opposée, Jean-Paul apercevait un paysage bien différent : c'étaient des villages perdus dans des bouquets d'arbres, une contrée accidentée comme la campagne bretonne, des maisons couvertes de tuiles rouges et encadrées de vergers comme eu France et, au milieu des villages, de vieux clochers dominant une modeste église de campagne aux formes massives et écrasées. Il semblait à Jean-Paul qu'il retrouvait ici la France et il lui tardait de descendre à terre.

Mais voici une brèche énorme, une gigantesque fracture dans le roc qui semble avoir été taillée par un puissant ciseau.

C'est l'embouchure du Saguenay, le plus puissant affluent du cours inférieur du Saint-Laurent. Rivière mystérieuse aux eaux sombres, presque noires et si profondes qu'en quelques endroits son lit échappe à la sonde. Les premiers explorateurs furent longtemps avant d'oser s'y aventurer; l'entrée de la rivière, à son embouchure dans le Saint-Laurent, inspirait la terreur : ses eaux se précipitent en formant des tourbillons, des deux côtés de cette rivière sans rivages, des montagnes de rocs décharnés se profilent en un long couloir plein d'horreur où courent les eaux sinistres.

Le Saguenay a une histoire qui répond à ces apparences effrayantes et le capitaine Hendricksen, qu'intéressait l'étonnement naïf de Jean-Paul, lui apprit que les mariniers du Saint-

La citadelle de Québec.

Laurent parlent encore tout bas du « spectre du Saguenay. » Ce spectre, c'est d'après eux le fantôme errant, l'âme en peine du seigneur de Roberval, un brave Français qui osa le premier s'engager dans ce fleuve des ténèbres. Pendant bien des jours on attendit son retour, mais ni lui ni ses compagnons ne reparurent jamais...

Cent ans après, les pêcheurs du Saint-Laurent racontaient encore en se signant que, chaque année, au fort des tempêtes de l'équinoxe, on pouvait voir, glissant silencieusement, toutes voiles dehors, sur les flots du Saguenay, le navire sur lequel était parti Roberval et, à la barre du vaisseau fantôme, la haute stature de Roberval immobile.

« L'Amérique a donc aussi ses revenants ! » s'écria en riant Jean-Paul qui n'était pas superstitieux.

« Ici du moins, répondit le capitaine Hendricksen, en créant cette légende, l'imagination populaire a-t-elle perpétué le souvenir d'un loyal soldat mort au service de son pays. »

Quel contraste entre le Saguenay d'où la vie

semble bannie et la campagne riante des bords du Saint-Laurent!

A mesure que le *Maëlstrom* avançait, les deux rives du fleuve se resserraient, le paysage s'animait, les villages se rapprochaient de plus en plus. Du navire on embrassait maintenant un magnifique panorama.

Là-bas, tout en haut d'un rocher dont les lames du fleuve viennent lécher le pied, voici des murs massifs qui escaladent le roc grisâtre et semblent ne faire qu'un avec lui : ce sont les murs d'une citadelle sur laquelle cessa de flotter, il y a cent trente ans, le drapeau français. Au-dessous, un amas de constructions blanches et grises, de rues étroites qui dégringolent jusqu'à la grève, c'est Québec, la vieille ville française, la capitale de la France d'Amérique, fondée en 1603 par Samuel Champlain, lors du troisième voyage qu'il entreprit par l'ordre du roi Henri IV.

CHAPITRE III

Québec. — Un véhicule trop élastique. — Une vieille ville française en Amérique. — La Terrasse. — La *Marseillaise* à Québec.

Le capitaine Hendricksen avait offert à Jean-Paul et à son compagnon de les ramener en France le mois suivant, car son navire était affrété pour transporter au Havre une cargaison de bois du Canada. Non content de leur avoir sauvé la vie, il voulut reconnaître les services des deux Français en leur payant, pour tout le temps qu'ils avaient passé à son bord, la même solde qu'à ses matelots norvégiens.

Le premier soin de Jean-Paul fut d'écrire à sa mère pour lui annoncer qu'il était arrivé sain et sauf à Québec.

Pendant le déchargement du *Maëlstrom*, Jean-Paul qui n'y aidait qu'à certaines heures,

2

eut tout le loisir de visiter la ville. Après son long séjour à bord, la marche était pour lui un exercice délicieux, et il s'oubliait à errer pendant de longues heures à travers la vieille ville française d'Amérique, où il marchait de surprise en surprise.

Le premier objet qui frappa ses regards, quand il mit pied à terre, fut le singulier véhicule dont se servent les habitants de Québec, et qu'ils appellent une *calèche*. Le nom seul est français, mais la calèche ne ressemble à aucune des voitures usitées en pays civilisé. Elle n'est ni française, ni américaine : c'est la voiture des gens de Québec, et c'est assez pour rendre cher aux Canadiens ce char original et peu confortable.

Imaginez une lourde caisse suspendue comme une balançoire à deux grosses courroies sur deux roues élevées : telle est la calèche. Quand, attelée de petits chevaux canadiens pleins de feu, elle dévale avec une vitesse inquiétante les pentes rapides des rues de Québec, elle est animée de tous les mouvements imaginables, celui de rotation excepté, et l'infortuné voyageur, emprisonné dans cette cage mouvante qui se dérobe sans cesse sous lui, projeté de droite et de gauche, tantôt lancé en avant, tantôt rejeté brusquement en arrière au gré des accidents d'un sol inégal et des chocs inattendus qu'imprime le pavé pointu à la bizarre machine, a peine à se croire sur le *plancher des vaches* et ne s'y sent nullement à l'abri du mal de mer.

Bien qu'ayant le pied et l'estomac marins, Jean-Paul se garda de goûter aux douceurs de ce véhicule dont les oscillations lui rappelaient celles de la vergue de perroquet, quand il carguait les voiles tout au haut du grand mât, par un jour de grand vent. Il avait mieux à faire pour dégourdir ses jambes.

Il grimpait, du pas élastique du marin, les escaliers usés des rues tortueuses de la basse ville. Peu s'en fallait qu'il ne se crût transporté subitement dans une de ces vieilles cités de Bretagne qui semblent vivre encore la vie silencieuse et somnolente des siècles passés et qui n'ont point changé, tandis que tout changeait autour d'elles.

C'étaient d'antiques maisons tombant de vieillesse, de ces maisons qui menacent ruine et qui durent des siècles, des masures bossues, boiteuses, disloquées, accrochées au roc et s'y retenant comme par un miracle d'équilibre, ou bien grimpant les unes sur les autres et se soutenant, s'arc-boutant fraternellement; puis çà et là les flèches légères de nombreuses églises, les murs massifs, sévères et nus de couvents silencieux et jetant sur cet aspect bariolé comme une note plus vive, les enseignes des boutiques, les joyeuses enseignes françaises d'autrefois, les gaies enluminures du temps où les chalands n'étaient pas des passants tentés par l'éclat d'une devanture reluisante, mais de vieux et fidèles clients qu'attirait, du pas de la porte, le bon sourire engageant du marchand qui était un peu votre compère. Et sur tout ce fouillis pittoresque une vive lumière répandait un air de gaieté.

Jean-Paul ne se demandait pas comment on pouvait vivre si à l'étroit et si mal à l'aise dans ces vieilles maisons. A voir les figures affairées et joyeuses des habitants qui paraissaient aux fenêtres ou se pressaient dans les rues, il était sûr qu'il faisait bon de vivre parmi ces braves gens.

On était prompt à le renseigner quand il demandait son chemin. « Ah! vous êtes de chez nous, lui disait-on, donnez-nous des nouvelles de notre pays! »

Choses et gens avaient pour lui comme un aspect familier qui réchauffait son cœur sevré depuis de longs mois des caresses maternelles. Il était sur une terre où règne encore la France, même si son drapeau n'y règne plus, où tous les cœurs battent pour elle. Il n'était pas exilé, perdu dans un monde inconnu. C'était l'air natal qu'il lui semblait respirer. Oh! le bon parfum de la patrie qui s'exhalait autour de lui!

Jean-Paul avait dans ses voyages au cabotage visité les grands ports français de la Manche, mais avec leurs larges percées, leurs rues magnifiquement illuminées, bordées de riches magasins, avec leurs places, leurs jardins, le Havre, Cherbourg lui paraissaient plus loin de sa chère Bretagne que cette vieille ville de

Québec, morceau détaché de l'ancienne France et jeté tel quel à l'entrée de l'Amérique.

Le soir même où le *Maëlstrom* avait mouillé en rade de Québec, Jean-Paul avait remarqué une rampe de lumière éblouissante qui éclairait le roc à pic, à mi-chemin entre le fleuve et la masse énorme de la citadelle, à laquelle cette lumière d'en bas prêtait les formes fantastiques d'un château fort flottant sans support dans un nuage de poussière lumineuse. Jean-Paul apprit bientôt que cette rampe, éclairée à la lumière électrique, marquait l'emplacement de la *Terrasse*, promenade favorite des habitants de Québec et si curieusement située qu'elle est unique au monde. La Terrasse est une sorte de parapet d'un demi-kilomètre de longueur, suspendu entre ciel et terre ou plutôt entre le ciel et l'eau, à plus de soixante mètres de hauteur, au bord du roc qui surplombe le fleuve.

Jean-Paul eut la curiosité de visiter cette merveille de Québec et il s'y rendit une après-midi, à l'heure du coucher du soleil. C'était une de ces belles soirées d'automne, encore tièdes, où la nature, avant de s'endormir du sommeil

La ville de Québec, vue prise du Saint-Laurent.

de l'hiver, se pare de ses plus vives couleurs. La vue était magnifique ; les rues sinueuses et étroites apparaissaient comme des sillons noirs et profonds, les toits escaladant confusément le roc semblaient d'en haut comme aplatis. Tout en bas, le Saint-Laurent avec le va-et-vient des voiliers sur leur départ, avant que le fleuve glacé les condamne à l'hivernage ; des flottilles de steamers, qui se croisent, s'évitent, se dépassent comme des cygnes à la course. Puis au loin la campagne de Québec au feuillage doré par l'automne.

Jean-Paul s'oublia à contempler ce magnifique spectacle jusqu'au moment où soudain la Terrasse s'illumina des feux des lampes électriques.

C'était l'heure où se faisait entendre sur la Terrasse la musique militaire et la musique était celle d'un régiment anglais en garnison à Québec. La foule se pressait, animée et joyeuse, autour de Jean-Paul : amis et connaissances se rencontraient et, réunis en groupes, se promenaient en devisant gaiement aux accents des cuivres sonores.

Tout à coup le silence se fit : la musique, après avoir joué l'air national anglais, venait d'attaquer la *Marseillaise*. Plus de cris, plus de conversations, plus de joyeux propos, la foule avait cessé de circuler. Debout, la tête découverte, dans un religieux silence, les assistants écoutaient l'hymne national. Quand l'exécution en fut terminée, il y eut comme un frémissement dans la foule; et tandis qu'au pied de la croix de Saint-Georges, au bas des plis du drapeau de l'Angleterre qui flotte sur la citadelle, les mains et les cœurs, battant à l'unisson, applaudissaient le chant national de la France, Jean-Paul sentit des larmes monter de son cœur à ses yeux : il éprouvait l'une des émotions les plus fortes qu'il soit donné à l'homme de ressentir, l'émotion que donne la patrie retrouvée sur la terre étrangère.

CHAPITRE IV

Une lettre de France. — Les boules de neige de Pierret. — Montcalm. — La mort d'un héros.

Un matin que Jean-Paul était occupé à « faire la toilette » du pont, à frotter les cuivres de la dunette et à leur donner cet air tout battant neuf, cette propreté brillante dont les marins, qui soignent leur navire comme les mères leurs enfants, aiment à parer « leur bord », il aperçut la chaloupe du *Maëlstrom* qui revenait du quai et, dans la chaloupe, le capitaine Hendricksen qui lui faisait signe en agitant un papier dans sa main. Jean-Paul s'élança à la rencontre du capitaine, qui lui cria d'une voix joyeuse : « Une lettre de France !

— Pour moi? dit Jean-Paul, qui donc peut m'écrire ici? Ma mère doit me croire mort, car elle n'a pas pu recevoir encore ma lettre.

— C'est la réponse à mon télégramme, dit l'excellent capitaine. Sachant que votre bourse de novice ne vous permettrait pas de vous servir du câble, dont le tarif est très élevé, j'ai envoyé un mot à votre mère le jour même de notre arrivée ici. »

Le cœur de Jean-Paul battait bien fort et ses doigts tremblaient quand il ouvrit la lettre de sa mère.

Après avoir dit à son fils l'émotion qu'elle avait éprouvée en apprenant à quel danger Jean-Paul avait échappé, avec quelle gratitude son âme s'était élevée vers Dieu pour le remercier d'avoir protégé son fils, la veuve du pêcheur continuait en ces termes :

« Avant-hier notre voisin Jacques Plouguel revint de la ville dans la matinée et vint frapper à notre porte pour m'annoncer que la *Jeune Marie* avait été signalée par le sémaphore et qu'elle entrerait dans le port à la marée de l'après-midi.

« Je me mis en route aussitôt pour Saint-Malo, pensant que je devais bien à tes compagnons de les rassurer sur ton sort et voulant aussi prendre tes effets qu'on avait dû conserver à bord.

« Quand j'arrivai, la *Jeune Marie* était en train d'accoster. Je fus bien vite aperçue par le grand Louis Hugon, ton ancien compagnon de cabotage, et la nouvelle de ma présence circula aussitôt parmi les hommes de l'équipage. Figure-toi qu'aucun n'osait me regarder : les cris, les chants joyeux de l'arrivée avaient cessé ; tous se détournaient pour éviter de me parler. Braves cœurs ! Ils avaient peur de mon chagrin, c'était à qui ne m'annoncerait pas la terrible nouvelle.

« Mais c'est moi qui leur criai du quai en me faisant de mes deux mains un porte-voix : « Jean-Paul est sauvé, il a été recueilli en mer « et débarqué à Québec. » Tous s'étaient penchés sur les bastingages pour m'entendre et je vis le capitaine commenter la nouvelle avec le second, tandis que les matelots s'occupaient avec un redoublement d'activité de mettre à terre la passerelle pour me permettre de monter à bord.

« Même en ce moment, où chacun se devait

d'abord aux siens, ni toi, mon bon fils, ni moi ne fûmes oubliés. Pas un de tes compagnons qui ne vînt auprès de moi et, en me félicitant de ta chance miraculeuse, ne me dît de toi, mon cher enfant, des choses qui me faisaient monter aux yeux des larmes bien douces...

« Un instant après, tous étaient à la joie de revoir les leurs qui, bruyamment, les entouraient, leur témoignaient leur tendresse. Toi seul, mon enfant, manquais à la mienne...

« Il faut que je te conte une amusante histoire de ton frère Pierret.

« L'autre jour, il revint de l'école le teint animé, et de l'air important de quelqu'un qui apporte une grande nouvelle, il courut à moi, en s'écriant: « Maman, moi je sais ce que c'est « que le Canada ! M. l'Instituteur nous l'a dit « aujourd'hui. C'est un pays bien froid, où il y « a toujours de la neige et de la glace et où « les habitants s'habillent avec de belles four- « rures... Maman, dis donc à Jean-Paul qu'ici « il pleut toujours, mais qu'il ne neige pas du « tout, ce qui est bien ennuyeux, et écris- « lui de me rapporter du Canada des boules

Monument élevé à la mémoire de Wolfe et de Montcalm.

« de neige... C'est lui qui doit s'amuser là-
« bas! »

La lettre de la mère de Jean-Paul se terminait par des tendresses et était suivie d'un post-scriptum dans lequel la veuve du pêcheur recommandait à son fils d'aller voir, aux environs de Québec, le frère de sa voisine, Jeanne Diffet, établi depuis une vingtaine d'années dans une ferme qu'il exploitait au village de Beaulieu.

Le dimanche suivant, jour de repos pour l'équipage, Jean-Paul se mit en route de grand matin pour Beaulieu. En traversant le jardin public de Québec, désert à cette heure matinale, il s'approcha d'un magnifique obélisque de pierre, qui, des hauteurs du jardin, domine toute la rade. C'est le monument élevé en 1827 par le comte de Dalhousie, gouverneur du Canada, à la mémoire de Wolfe et de Montcalm, le général anglais et le général français qui périrent tous deux dans la fatale bataille des plaines d'Abraham, sous les murs de Québec.

C'était le 13 septembre 1759. Montcalm, devançant l'attaque des Anglais mieux armés et plus nombreux, se porte contre leurs lignes. Le général anglais tombe glorieusement, frappé de trois balles : « Soutenez-moi, dit-il, que le soldat ne me voie pas tomber. » Ses yeux mi-clos se rouvrent, quant il entend un de ses compagnons s'écrier : « Ils fuient. — Qui? demande le mourant. — Les Français. — Alors je meurs content. » Et il expire.

Pendant ce temps, deux grenadiers français ramenaient à Québec, chancelant sur son cheval, leur général atteint, lui aussi, par trois balles : « Combien de temps à vivre? demanda Montcalm à son médecin. — Quelques heures seulement, mon général. — Tant mieux! Je ne verrai pas les Anglais à Québec. »

Ces quelques heures, il les consacre à plaider auprès du vainqueur la cause des vaincus, et, mourant, il adresse d'une main tremblante au successeur de Wolfe un touchant appel en faveur de ses compagnons, les fidèles Canadiens qui lui survivent. « Général, ayez pour les Canadiens les sentiments qu'ils m'avaient inspirés, qu'ils ne s'aperçoivent pas d'avoir changé de maître. Je fus leur père, soyez leur protecteur. »

Le soir même, Montcalm expirait et son corps était déposé — sépulture digne d'un tel héros — dans le trou béant creusé par

Montcalm.

l'explosion d'une bombe anglaise. L'Angleterre a réuni noblement, dans une tombe commune, ces deux héros qu'une même mort avait réunis dans une même gloire. Avec quelle émotion Jean-Paul évoqua cette page douloureuse de nos annales, en lisant l'inscription gravée sur le monument : « Ils doivent à leur valeur le même trépas, à l'histoire la même renommée, à la postérité le même monument. » Que souvenir mieux fait pour faire vibrer un cœur français? Jour à jamais déplorable, qui consacra la séparation de la colonie et de la mère patrie! La France et le Canada portent encore le deuil de l'héroïque Montcalm.

CHAPITRE V

La campagne de Québec. — L'*habitant*. — Une ferme du Bas-Canada. — Peaux-Rouges et Indiens civilisés. — Un poisson glouton.

Tout entier à cette émotion patriotique, Jean-Paul était sorti de Québec. Il s'aperçut alors qu'il cheminait à travers les faubourgs de la ville, qui se prolongent vers le nord jusqu'à la rivière Saint-Charles par de nombreuses maisons de campagne, noyées, selon l'habitude anglaise, dans des massifs de fraîche verdure qu'ombragent de vieux arbres.

La route était charmante. Çà et là de petits hameaux qu'annonçait au loin, par-dessus le feuillage clairsemé aux approches de l'hiver, la flèche élancée d'une église dont le toit, revêtu de lames de zinc, luisait au soleil;

3.

tout autour de l'église qui semble bénir et protéger de son ombre le lieu de repos des humbles villageois, de grandes croix de bois noir marquaient, comme en France, l'emplacement du cimetière silencieux où dorment les morts, près des vivants qui les chérirent.

Après avoir franchi le Montmorency qu'annonce au loin le grondement de ses eaux tombant de 75 mètres de hauteur, Jean-Paul arriva à Beaulieu au bout de deux heures de marche à travers les sites les plus pittoresques. Il trouva facilement la maison de Joseph Diffet, le fermier. C'était la modeste et gaie demeure de l'*habitant*, nom que se donne à lui-même, non sans orgueil, le Canadien français fixé au sol et resté fidèle à la langue et à la religion de ses pères : un seul étage, des murs crépis de chaux, d'une blancheur immaculée, sur laquelle tranchent les volets rouges ou verts de fenêtres étroites et doublées pour mieux protéger l'habitant contre la rigueur du froid ; le tout surmonté d'un toit qui rappelle par sa forme et son auvent ceux de nos hameaux de l'Ouest, et que perce une énorme cheminée cerclée de bois.

Chute de la rivière Montmorency.

Ce fut le fermier lui-même qui ouvrit la porte à Jean-Paul. Avec quel empressement il lui tendit la main et l'introduisit parmi les

Madame Diffet, type de Canadienne.

siens! La fermière était une Canadienne que Joseph Diffet avait épousée quand ses affaires avaient commencé à prospérer. Il avait de nombreux enfants : tous, petits et grands, firent fête à Jean-Paul; on le traita comme l'enfant de la maison et il fut bien vite à son aise.

La vaste et unique chambre du rez-de-chaussée servait tour à tour, selon l'heure et la solennité, de salon, de salle à manger, de cuisine et de chambre à coucher. Au centre, le poêle canadien, énorme et dévorant, comme il convient dans un pays où il fait froid et où le bois est à bon compte; dans un coin, le lit patriarcal, le vieux lit de famille qui fait partie de l'héritage des ancêtres, immense et si haut qu'il faut exécuter un véritable tour de force pour y monter, et de tous côtés, dispersés contre les murs, les berceaux d'osier des tout petits; aux fenêtres, partout des fleurs et des cages, où de petits prisonniers ailés trompent en chantant l'ennui de la captivité.

On servit à Jean-Paul un repas de roi; un jambon et des saucisses, descendus des poutres en saillie du plafond enfumé, furent les morceaux de résistance, auxquels s'ajoutèrent quelques mets nationaux du Canada, une belle tourte appétissante, des beignets et des croquignoles.

Après le repas, Joseph Diffet fit au jeune Breton les honneurs de la ferme. Il le mena à travers le village jusqu'en pleins champs. « Voyez, lui dit-il en lui montrant le drapeau tricolore qui flottait partout aux fenêtres des maisons,... nous fêtons le dimanche en fêtant la France. Français et Canadien, c'est tout un. »

Jean-Paul se sentait en pays de connaissance, presque en famille : tout, autour de lui, rappelait la France. Choses et gens, tout était Français. La coiffure des paysannes qu'il rencontrait n'était pas sans analogie avec la coiffe bretonne, et les paysans endimanchés avaient le chapeau de feutre aux larges bords de nos campagnards de l'Ouest. Voici, sous un hangar, la charrue française et la charrette à foin aux ailes largement ouvertes pour recevoir son fardeau qui embaume.

« Tout le monde travaille ferme chez nous, dit le fermier à son hôte, l'*habitant* canadien n'a pas dégénéré de son ancêtre le paysan français. Il n'y a pas jusqu'à *Revanche*, notre brave chienne qui vous fête à sa façon en aboyant après vous, qui ne gagne sa vie. C'est elle qui, guidée par mes plus jeunes fils, et attelée à cette charrette en miniature que vous voyez là, s'en va porter aux faneurs et aux moissonneurs le repas de midi. Il faut la voir quand elle revient à la ferme, traînant en aboyant de joie la minuscule charge de foin à laquelle nos petits hommes l'ont attelée, soi-disant pour prêter main-forte aux grands! »

Il fallut songer au retour. Le fermier fit atteler son char à bancs. « Je vous conduirai, dit-il à Jean-Paul, jusqu'à mi-chemin de Québec, mais par une route toute différente de celle par laquelle vous êtes venu. Vous avez retrouvé la France chez nous, vous allez, dans un instant, retrouver l'Amérique... »

Toute la famille voulut accompagner Jean-Paul dans le char à bancs.

Une demi-heure après, la voiture, lancée d'un bon trot, entrait dans un ravin resserré, au fond duquel coulait avec fracas le Saint-Charles qui brise ses flots blancs d'écume, sur un lit de roches tapissées de mousses humides. « Voyez-vous, dit Joseph Diffet à Jean-Paul, cette flèche qui s'élance par-dessus les bois de pins, de cette esplanade qui longe là-bas la berge du torrent? C'est la chapelle de Notre-Dame-de-

Les Indiens indépendants vivent de chasse et de pêche.

Lorette, et le village groupé tout autour, c'est Nouvelle-Lorette ou Lorette des Indiens. »

C'est là que vivent, en effet, cernés de plus en plus par la population blanche, les derniers descendants de ce peuple huron qui eut jadis tout le Canada pour territoire de chasse. Qui ne s'apitoyerait sur ces derniers débris d'un peuple qui achève de mourir et qui joua un rôle souvent glorieux dans l'histoire de la France d'Amérique? Ce sont eux, les maîtres d'autrefois, qui forment aujourd'hui une colonie parmi les blancs qui débarquèrent, il y a trois siècles, comme colons parmi eux. Quelques survivants des Peaux-Rouges ont conservé leur farouche indépendance et errent encore en liberté dans les plaines et les forêts glacées du nord. Ils habitent dans des huttes recouvertes la moitié de l'année par plusieurs pieds de neige; un traîneau attelé de chiens leur sert à transporter leurs pirogues à la mer : ils vivent ainsi, indépendants, heureux à leur façon, repoussant avec énergie toute tentative de rapprochement avec les blancs. Ceux qui sont restés dans les territoires que peuplent aujourd'hui les blancs sont devenus sédentaires et ont adopté les habitudes des nations civilisées.

« Ces Indiens que vous voyez dans les rues de Lorette, habillés à l'européenne, expliqua le fermier à Jean-Paul, se sont faits chrétiens; ils ont, comme vous pouvez l'observer, des champs de blé et de légumes, quelques-uns sont vanniers, d'autres brodent des mocassins. Leur teint seul atteste leur origine, et aussi leur habileté à la chasse et à la pêche. C'est tout ce qu'ils ont conservé de l'héritage de leurs ancêtres.

« Encore aujourd'hui, l'Indien excelle à prendre au piège le gibier qui abonde au Canada et dont l'hiver endort la défiance. Ceux d'ici sont des pêcheurs émérites. Penchés sur l'eau, ils guettent pendant de longues heures avec une patience admirable le poisson qui foisonne dans tous nos cours d'eau. Ils pêchent la truite à la seine et, à l'aide de sortes d'épuisettes, ils fouillent les rochers et la vase où se cache l'anguille.

« Ils pratiquent encore une pêche fort intéressante qu'ils ont mise en honneur au Canada.

Penchés sur l'eau, ils guettent le poisson et le pêchent à l'aide d'épuisettes.

Ramant lentement dans un étroit bateau, ils promènent sur le fond des rivières une très longue ligne en fil d'acier à laquelle est attachée, tout auprès de l'hameçon, la *cuiller*, petit morceau de métal que le mouvement du bateau fait tourner sur lui-même et dont l'éclat attire l'imprudent brochet. Le vorace poisson se jette gloutonnement sur cet appât grossier, avale tout à la fois cuiller et hameçon, et est hissé à bord malgré ses bonds désespérés. »

Le soleil était près de se coucher... Jean-Paul prit congé de ses amis. La belle et bonne journée qu'il avait passée auprès d'eux! Il les remercia avec émotion de leur hospitalité si affectueuse et leur promit de leur donner de ses nouvelles. Avec quel regret il se sépara d'eux! Mais il ne pouvait différer son retour. Le chargement du *Maëlstrom* avait été terminé la veille et le navire devait repartir le lendemain matin à la première heure, remorqué par un bateau à vapeur, pour Montréal, où il devait compléter sa cargaison de bois de sapin à destination du Havre.

CHAPITRE VI

Les bateaux-hôtels du Saint-Laurent. — Une collision. — Le *Maëlstrom* fait eau. — Hivernage forcé. — Une proposition du capitaine Hendricksen.

Le lundi 27 octobre, à la première heure, un de ces petits remorqueurs canadiens, appelés *tugs*, puissants sous leur apparence débile, car ils sont tout en machine, qui sillonnent le Saint-Laurent en amont et en aval de Québec, accostait le *Maëlstrom*.

Une haussière attacha solidement le grand voilier au petit vapeur, et l'ancre du *Maëlstrom* ne tarda pas à être levée sous l'effort du cabestan poussé par les bras vigoureux des matelots norvégiens, qui s'accordaient avec un cri rythmé comme un chant monotone.

Le *Maëlstrom* prit le large, gagna le fil du courant, et alors commença un voyage tout nouveau pour le voilier et pour son équipage.

Vieux roulier des mers, coutumier des courses laborieuses, habitué à avancer péniblement sous l'impulsion du vent tendant les voiles et faisant plier et gémir les mâts dans les nuits de tempête, comme un coursier qui lutte contre l'orage avec une contraction de tous ses muscles, le *Maëlstrom* aujourd'hui, les voiles carguées, docile à son guide, fendait paresseusement les eaux bleues du Saint-Laurent. Véritable navigation de plaisance pour l'équipage qui éprouvait la sensation du piéton, las de la route parcourue, à qui vient s'offrir un véhicule secourable.

Jean-Paul eut tout le loisir de s'intéresser au merveilleux et changeant spectacle qui se déroulait sous ses yeux.

La rade était encombrée, en cette arrière-saison, de navires en partance : imposants steamers dont la masse énorme glissait légèrement sur les flots, sans effort apparent, comme animée par une volonté intérieure, voiliers élancés qui déployaient leurs voiles blanches pour gagner la haute mer à tire-d'aile, comme l'hirondelle fuyant l'hiver des pays du Nord.

A cette joyeuse animation ne tarda pas à succéder, à mesure que le roc de Québec s'effaçait à l'horizon, le silence du grand fleuve coulant à pleins bords entre ses rives espacées comme celles d'un bras de mer. Les bruits du rivage y venaient expirer, trop loin du *Maël-strom* pour qu'on en pût entendre, même confusément, le murmure.

Mais le spectacle était charmant. Villes et villages apparaissaient au loin noyés dans les massifs d'arbres que l'automne commençait à dépouiller de leurs feuilles, ou coquettement nichés, avec une irrégularité charmante, sur les pentes des coteaux.

De temps en temps, le *Maëlstrom* croisait un des magnifiques bateaux à vapeur qui font le service de Québec à Montréal pendant la saison d'été. Véritables hôtels flottants, à plusieurs étages, resplendissants de luxe et de confort, où le voyageur s'endort bercé par l'imperceptible remous des flots qu'écartent les palettes des aubes puissantes du *steamboat* ou par la

Un bateau à vapeur du Saint-Laurent.

musique de l'orchestre que chaque bateau, à la mode américaine, emporte avec lui pour l'agrément de ses passagers. Salon, salle de musique, salle à manger, fumoir, bibliothèque, cabines grandes comme des chambres, guichets où l'on distribue des billets pour toutes les villes de l'Amérique, rien n'y manque de ce qui peut épargner au voyageur le souci du voyage ou en tromper l'ennui.

Ailleurs, Jean-Paul apercevait les bacs à vapeur, qu'il avait déjà visités à Québec, immenses rues flottantes qui transportent d'une rive à l'autre du Saint-Laurent voyageurs et marchandises, voitures avec leurs équipages attelés et charrettes toutes chargées. Semblables aux bacs à vapeur américains qui transfèrent d'un bord à l'autre du Mississipi ou de l'Hudson des trains entiers de chemins de fer, ils n'ont ni avant ni arrière, sont arrondis aux deux bouts et munis d'un double gouvernail, de manière à gouverner dans un sens ou dans l'autre sans être obligés de tourner sur eux-mêmes comme les bateaux ordinaires.

Sept heures de chemin de fer séparent

Québec de Montréal. Le capitaine Hendricksen comptait que le *Maëlstrom* franchirait en vingt heures l'étape entre les deux villes et qu'il arriverait à Montréal le lendemain avant le lever du jour.

La journée parut courte à Jean-Paul. Vers onze heures du soir, il fut appelé sur le pont pour prendre le quart.

Le capitaine Hendricksen le plaça à l'avant avec un autre matelot. Bien que le temps fût serein et que les fanaux du *Maëlstrom* fussent allumés, le prudent capitaine avait vu de trop près, dans le cours de sa longue carrière, combien il est malaisé de se prémunir contre les chances d'abordage, même en plein jour, pour négliger aucune des précautions qui pouvaient assurer la sécurité de son navire la nuit dans ces parages si fréquentés, partant si redoutables.

Jean-Paul et son compagnon devaient servir de vigies et signaler, dès qu'ils l'apercevraient, toute lumière venant à la rencontre du *Maëlstrom*.

La nuit était magnifique; c'était une de ces

nuits lumineuses du Nord, où le ciel paraît plus haut, plus profond, les étoiles plus brillantes à travers l'air admirablement pur. Le quart de Jean-Paul touchait à sa fin et la cloche du navire venait de sonner deux heures. Aucun bruit, aucune lueur à l'horizon.

Tout à coup un choc violent ébranla le *Maëlstrom* : le navire oscilla d'avant en arrière, puis de droite à gauche. En même temps, un bruit pareil à un coup de canon retentit : la puissante haussière qui liait le voilier au remorqueur venait de se briser.

La secousse, le brusque arrêt du *Maëlstrom* projetèrent sur le pont Jean-Paul et son compagnon. Ni eux ni l'officier de quart n'avaient rien vu.

Le capitaine Hendricksen, qui avait le sommeil léger de l'officier de marine pénétré du sentiment d'une responsabilité qui ne chôme ni le jour ni la nuit, se trouva sur le pont avant que Jean-Paul se fût relevé.

Il jeta un coup d'œil autour de lui, s'assura que la nuit brillante et claire ne révélait aucun voisinage suspect. Alors, comme rassuré, il s'écria : « Nous avons talonné sur un tronc submergé. » Puis d'un ton de commandement : « Vous, dit-il à Jean-Paul et à son compagnon, courez aux pompes et voyez si elles donnent de l'eau. »

Les hommes de quart, puis tout l'équipage réveillé en sursaut, étaient accourus. Le capitaine Hendricksen se plaça lui-même à la barre, puis donna l'ordre de mouiller une ancre. Quelques minutes après, le remorqueur accostait le *Maëlstrom* et l'haussière était jetée de nouveau d'un bord à l'autre.

Pendant ce temps, Jean-Paul et ses compagnons travaillaient aux pompes. Un flot bourbeux ne tarda pas à jaillir sur le pont des profondeurs de la cale : le *Maëlstrom* faisait eau ! L'avarie était plus grave que le capitaine Hendricksen ne l'avait d'abord supposé.

L'accident est fréquent sur les fleuves d'Amérique, où nagent entre deux eaux des troncs d'arbres, écueils mobiles qu'aucune carte ne signale, d'autant plus dangereux qu'ils sont invisibles et se déplacent sans cesse.

Arrachés aux rives du fleuve ou de ses

affluents par l'impétuosité des flots débordés, des troncs séculaires, avec la puissante armature de leurs rameaux, sont ainsi entraînés entre deux eaux, trop lourds pour flotter, mais assez légers pour ne pas tomber au fond, jusque dans les passages fréquentés des navires. Avec une violence accrue par la rapidité du courant et la vitesse de la marche du navire en sens inverse, ils viennent battre comme un bélier la coque du bateau qui remonte le fleuve, la défoncent et reprennent leur course vagabonde, laissant une blessure béante aux flancs du vaisseau, dans ses parties vitales, celles qui sont immergées.

Avant d'ordonner de reprendre la marche, le capitaine Hendricksen visita lui-même la cale. Il reconnut que l'eau s'y élevait à un niveau d'un pied et demi, mais que le travail des matelots aux pompes l'empêchait de monter.

D'ailleurs l'eau eût-elle gagné sur les pompes, le *Maëlstrom* n'eût pu couler. Sa cargaison de bois l'eût soutenu au-dessus des flots comme la ceinture de liège soutient le naufragé.

L'ancre fut levée et le *Maëlstrom*, toujours

remorqué, reprit sa marche alourdie par la masse d'eau considérable qu'il avait embarquée.

A la pointe du jour, Montréal était en vue. Le *Maëlstrom* déployant le signal de détresse, glissa rapidement à travers les vaisseaux à l'ancre sur plusieurs rangs au milieu du fleuve, où ils forment comme des rues de navires, et parmi d'innombrables bateaux de tout tonnage qui s'écartaient pour laisser le passage libre à ce compagnon blessé qui avait besoin d'être secouru.

Le *Maëlstrom* accosta promptement le quai. Des équipes d'ouvriers furent engagées pour hâter le déchargement, qui fut terminé dès le lendemain, et le *Maëlstrom* allégé fut remorqué jusqu'à l'entrée de la cale sèche.

Dès qu'on eut chassé l'eau du bassin, on put examiner l'avarie qu'il avait subie. C'était une voie d'eau considérable qu'il eût été impossible d'aveugler avec les seules ressources dont disposait l'équipage.

L'étrave était brisée en deux endroits comme si le navire eût rebondi sur l'écueil flottant; sur un espace de quinze pieds, la quille était détruite aussi complètement que si le *Maël-strom* eût talonné sur un rocher aigu. Au-dessus, une déchirure, presque circulaire, de cinq pieds, attestait la violence du choc. Les bords en étaient déchiquetés. Tout autour, la membrure de la carène était tordue et prête à céder. Des plaques de cuivre qui recouvraient le navire pour le protéger contre les incrustations marines, il ne restait plus trace sur toute la partie antérieure de tribord. Le frottement des branches du tronc submergé avait agi en raclant le flanc droit du *Maëlstrom* à la façon d'un rateau qui ramasse les feuilles.

C'est avec une profonde affliction que le capitaine Hendricksen mesura l'étendue du dégât. La réparation de cette avarie si sérieuse allait non seulement entraîner des frais considérables pour son armateur, mais elle ne pourrait être terminée avant deux mois.

Ce retard était grave par ses conséquences. Dans deux mois, la navigation sur le Saint-Laurent serait fermée par les glaces. Le *Maëlstrom* ne pourrait faire voile pour l'Europe qu'après la débâcle, au printemps suivant. Le capitaine

Hendricksen allait donc être contraint d'hiverner avec son navire à Montréal.

Après plusieurs conférences avec l'agent de sa maison à Montréal, M. de Mauriac, et après avoir reçu les instructions de son armateur par le câble transatlantique, le capitaine Hendricksen se décida à licencier son équipage. Les marins norvégiens du *Maëlstrom* et le matelot français de la *Jeune Marie* échappé à la mort avec Jean-Paul se dispersèrent sur divers navires en partance, à bord desquels ils trouvèrent facilement à s'engager.

Jean-Paul pouvait suivre leur exemple, mais aucun navire n'était prêt à faire voile pour la France. Après mûre réflexion, il se décida à aller demander au consul de France de vouloir bien le faire rapatrier. Les consuls de France ont, en effet, pour fonction principale de prendre en main les intérêts de nos nationaux et, dans les ports étrangers en particulier, d'assurer le retour en France des marins français naufragés.

Jean-Paul se rendit donc un matin chez M. de Mauriac, auprès de qui on lui avait dit qu'il rencontrerait le capitaine Hendricksen, et s'ouvrit à eux de son intention. Mais, dès les premiers mots, il fut interrompu par le capitaine :

« Tenez-vous vraiment à rentrer en France? Voici l'hiver, la saison dure. Que ferez-vous à Trescoff? Ne sera-t-il pas trop tard, quand vous serez de retour, pour vous engager sur une barque de pêche? J'ai songé à une occupation plus avantageuse pour vous.

« J'ai parlé de vous à M. de Mauriac, mon agent et mon ami. L'histoire de votre voyage, qui ressemble à un roman fort émouvant, auquel ce nouvel incident promet d'ajouter un chapitre, et plus encore ce que je lui ai dit de vos dispositions naturelles, de votre attachement à votre famille et de vos efforts pour lui venir en aide l'ont vivement intéressé.

« D'accord avec lui, voici la proposition que je vous fais. Vous serez chargé, pendant notre relâche à Montréal, de la vérification et du classement de toutes les pièces comptables concernant la cargaison et les réparations du navire. Vous recevrez pour votre travail une indemnité mensuelle de vingt dollars (100 francs); vous serez en outre logé et nourri comme moi-même chez M. de Mauriac pendant toute la durée de votre séjour à Montréal, et en mars prochain, dès le lendemain de la débâcle, vous repartirez avec moi pour le Havre sur notre *Maëlstrom* rajeuni. »

L'offre si généreuse du capitaine Hendricksen et de M. de Mauriac toucha Jean-Paul jusqu'aux larmes. Se rappelant qu'il devait la vie au brave commandant du *Maëlstrom*, et songeant aux douceurs que procurerait aux petits et à sa bonne mère le salaire qu'on lui offrait si libéralement, il eut peine à surmonter son émotion.

Mais les meilleurs remerciements sont souvent ceux qu'on exprime le moins bien, et M. de Mauriac vit bien qu'il n'avait pas affaire à un ingrat. Quant au capitaine Hendricksen, il savait à quoi s'en tenir sur les sentiments de Jean-Paul.

« Je gagnerai bien facilement cet argent, ajouta Jean-Paul; j'ai été habitué jusqu'ici à gagner plus durement ma vie. Du moins ferai-je de mon mieux pour n'être pas trop indigne de vos bontés... J'ai été élevé à l'école primaire supérieure de Trescoff. Je n'ai pas voulu me prévaloir des connaissances que j'y ai acquises pour chercher, au risque de déboires que tous les miens eussent partagés, un emploi supérieur à ma condition et à l'origine de ma famille. J'ai fait avec bonheur, de la mer qui a été de tout temps le métier de mes ancêtres, mon gagne-pain, mais l'occasion aidant, rien ne m'empêche de le trouver ailleurs... »

CHAPITRE VII

Nouvel apprentissage. — La famille de Mauriac. — Bienfaisance et discrétion. — Un examen sur l'histoire du Canada.

Dès le lendemain, Jean-Paul entrait en fonctions. Assis au pupitre qui lui avait été réservé dans un coin du bureau de M. de Mauriac, il se mit rapidement au courant de sa besogne nouvelle.

Habitué à la vie active du bord, aux larges horizons qui se déroulent aux yeux du marin, Jean-Paul ne s'en plia pas moins avec facilité aux exigences de cette existence sédentaire. En réalité, il était du petit nombre de ces esprits bien faits qui s'intéressent à une besogne, non parce qu'elle est nouvelle ou parce qu'ils l'ont choisie, mais parce qu'ils s'y appliquent : quand on se donne tout entier à son travail, on finit toujours par l'aimer.

Cette paisible existence lui procura, d'ailleurs, d'amples dédommagements.

Introduit dans la maison de M. de Mauriac par le capitaine Hendricksen, il lia connaissance avec les membres de cette excellente famille dont il allait être le commensal.

M. de Mauriac dirigeait une des agences maritimes les plus importantes de Montréal. Héritier d'une grande fortune, dont l'origine remontait à son grand-père, un cadet d'une vieille famille noble d'Auvergne que la Révolution avait ruinée et qui, émigré au Canada, avait redoré son blason par d'habiles spéculations, M. de Mauriac l'avait honorablement accrue par son activité et il en faisait le plus libéral usage.

Sa bienfaisance allait de préférence aux infortunes inconnues. Semant le bien sans souci de la récolte, pour la joie de faire des heureux, sa charité discrète se fût offensée de l'éclat du grand jour : elle s'ignorait elle-même et voulait être ignorée.

Un veuvage prématuré avait assombri sa vie.

Deux fils partageaient avec ses pauvres toutes ses affections.

L'aîné, Octave, un élégant jeune homme de vingt ans, venait d'achever, à la célèbre université de Toronto, la première université du Canada après l'université Laval, des études scientifiques qu'il avait, par goût, poussées fort loin.

Le second, Georges, élève du Collège Industriel de Montréal, venait d'entrer dans sa quatorzième année. C'était un aimable espiègle qui joignait à une heureuse vivacité d'esprit beaucoup de fougue naturelle, ce que les Américains appellent une exubérance d'*animal spirits*, et un peu plus que son lot de l'imprudence naturelle à son âge.

A peine âgé de quarante-deux ans, M. de Mauriac se faisait volontiers le camarade de ses fils, partageait leurs jeux, se rajeunissait pour s'associer à toutes leurs préoccupations. Rien de plus touchant que cette intimité du père et des enfants. Elle remplissait de joie leur vie commune; le père rapportait tout à ses fils qui voyaient en lui leur meilleur ami.

Aspect extérieur de l'université de Toronto.

Reçu avec cordialité dans l'intimité de cette famille si unie, Jean-Paul fut bien vite à l'aise. Il partagea avec bonheur cette vie de famille à laquelle on le conviait et qui s'ouvrait pour lui faire une place.

Les soirées surtout étaient charmantes. Jean-Paul ne se lassait pas d'écouter la conversation enjouée et attachante de M. de Mauriac avec ses enfants. Il s'y mêlait discrètement quelquefois, mais le plus souvent il se contentait d'en faire son profit.

Un soir que le jeune Georges de Mauriac, assis à l'écart dans un coin du salon, semblait absorbé dans la lecture d'un volume qu'il avait apporté, Jean-Paul s'approcha de lui et s'enquit du titre de l'ouvrage qui le captivait ainsi.

« Je subis demain mon examen de fin d'année, lui répondit Georges, et je suis en train de relire l'histoire du Canada sous la domination française. »

Et comme Jean-Paul faisait mine de s'étonner de cette partie du programme inconnue dans les examens français, Georges reprit avec animation : « L'histoire du Canada, c'est notre histoire nationale à nous, c'est l'histoire de nos aïeux au même titre que l'histoire de France, ou plutôt l'une et l'autre sont inséparables pour nous puisque l'histoire du Canada, c'est l'histoire de la France en Amérique. »

M. de Mauriac qui avait entendu ces derniers mots s'approcha et se tournant vers Jean-Paul : « Que vous apprend-on, lui demanda-t-il, dans les écoles françaises sur le Canada? Nous sommes bien loin de la France et je crains que notre éloignement ne nous fasse tort. »

Jean-Paul fut forcé de convenir qu'à part quelques notions géographiques assez précises, il n'avait que des informations assez vagues sur les vicissitudes qu'avait traversées la France d'Amérique.

Et il ajouta : « Ce que je sais le mieux, ce n'est pas mon commencement, à l'encontre de Petit-Jean, le personnage des *Plaideurs*, d'amusante mémoire, c'est surtout la fin du Canada. Il n'y a guère, Dieu merci, d'écoliers français qui ignorent aujourd'hui les noms de Vaudreuil et de Montcalm, et c'est avec une profonde émotion que j'ai vu l'autre jour à Québec l'obélisque élevé par l'Angleterre, et non, hélas! par la France, pour perpétuer la mémoire du dernier défenseur du Canada.

— Les héros de la première heure ne sont ni moins grands ni moins dignes d'être connus que ceux des derniers jours, reprit M. de

Champlain.

Mauriac. Champlain, fondateur de Québec, et Maisonneuve, fondateur de Montréal, sont deux preux du moyen âge égarés en plein dix-septième siècle. La fondation de Montréal évoque le souvenir des croisades. C'est, chez les pionniers de la France au Canada, la même ardeur de sacrifice, la même foi fervente et naïve :

Maisonneuve est notre Godefroy de Bouillon...

— Père, interrompit Georges, je suis sûr que le récit de la naissance de notre ville intéresserait Jean-Paul... Et, pour ma part, je ne perdrai rien à te l'entendre raconter puisque je serai ainsi dispensé fort agréablement de le relire dans mon histoire. »

Et comme Jean-Paul joignait ses instances à celles de son fils : « Soit, dit M. de Mauriac. Aussi bien, dire ce que furent nos aïeux, c'est leur rendre un pieux hommage. Vous jugerez par vous-même, Jean-Paul, si nous avons sujet d'être fiers des nôtres. »

CHAPITRE VIII

Fondation de Montréal. — De nouveaux croisés. — Les exploits du féroce Iroquois. — Un autre chevalier sans peur et sans reproche. — Héroïsme de Maisonneuve. — La chasse à l'Indien. — La chienne *Pilote* et ses petits.

Tandis que Georges suivait sur sa carte, M. de Mauriac raconta en ces termes l'histoire de la fondation de Montréal :

« Le 8 mai 1642, cinq bateaux chargés de provisions mettaient à la voile de Québec pour remonter le Saint-Laurent jusqu'à l'île de Montréal.

« A l'arrière du plus grand de ces bateaux, se détachait un groupe de quelques personnes, dont deux femmes, qui les yeux tournés vers le rivage, mais sans larmes et comme remplis d'une secrète ardeur, saluaient d'un dernier adieu les amis qu'elles y laissaient. Un homme d'allure martiale dominait le groupe de sa haute stature : c'était Maisonneuve, jeune gentilhomme français, chef de l'expédition.

« Quelques années auparavant, un prêtre énergique, Olier, qui fonda Saint-Sulpice, avait conçu le projet de créer, au cœur des territoires occupés par les plus féroces des sauvages canadiens, un établissement d'où les missionnaires pussent se répandre facilement pour aller porter la bonne parole aux Indiens et les convertir à la religion chrétienne.

« Son appel avait été entendu : quelques âmes généreuses avaient épousé son dessein, une somme de soixante-quinze mille livres, somme énorme pour l'époque et qui représenterait 400 000 francs aujourd'hui, avait été réunie, l'île de Montréal, alors déserte, achetée. Une poignée de laboureurs et de soldats s'étaient offerts. Deux saintes femmes, Mlle Mance et Mme de la Peltrie, se joignirent à l'expédition pour partager des dangers encourus pour la foi et pour vaquer aux soins intérieurs du ménage de la colonie, qui n'était guère plus nombreuse qu'une grande famille.

LE CANADA

A côté de la langue anglaise, la **langue française** s'y est perpétuée. Près de deux millions de Canadiens parlent le français et ont conservé le culte de leur ancienne patrie.

« La plus française de nos colonies, c'est le Canada qui n'est plus à nous. »

(L. Halévy.)

Le Canada est une **ancienne colonie française.** Découvert en 1497, par *Sébastien Cabot*, il fut occupé en 1525 par Jacques Cartier au nom du roi de France, François Ier. — **En 1763, le traité de Paris** nous l'enleva et les Anglais en formèrent, avec l'île Vancouver, la Colombie et les territoires du N.-O., l'immense empire ou *Dominion* qui, en se groupant autour de l'ancien **Canada**, en a conservé le nom.

Le Canada ou Dominion occupe la partie septentrionale de l'Amérique du Nord; son étendue est de 8 800 090 kilomètres carrés (presque **17** fois celle de la France), sa population est de 4 325 000 hab. (8 fois moindre que celle de la France). — **Cette** carte ne représente que la partie orientale du Dominion.

« Un saint zèle animait l'expédition. Soldats de la foi, c'est à la conquête des âmes que marchaient Maisonneuve et ses compagnons, c'était pour y planter le drapeau de la croix qu'ils s'enfonçaient dans le désert.

« Ni les alarmes de leurs proches au moment où ils s'étaient voués à cette mission, ni les avertissements des colons établis à Québec n'avaient refroidi leur enthousiasme.

« En vain leur avait-on représenté qu'il y avait à peine alors trois cents chrétiens au Canada, que cette poignée de Français, isolés les uns des autres, bloqués par les sauvages qui leur faisaient une guerre impitoyable, ne pouvaient, sous peine d'être massacrés, sortir des deux ou trois postes où les Français s'étaient retranchés depuis la fondation de Québec en 1609.

« En vain leur avait-on remontré la folie de l'entreprise qu'ils tentaient en allant s'établir si loin de tout secours humain, à portée de la hache et du tomahawk des Iroquois, sous la dent de ces « loups dévorants », les plus féroces des sauvages, qui, dit un missionnaire qui les catéchisa, « mangeaient des êtres humains avec plus d'appétit et de plaisir que les chasseurs ne mangent un sanglier ou un cerf. »

« Rien n'avait ébranlé leur joyeuse résolution. Dieu y pourvoirait! Et volontiers ces pacifiques croisés se seraient écriés, comme leurs ancêtres du moyen âge : « Dieu le veut! Dieu le veut! »

« Je ne suis pas venu ici, répliqua Maisonneuve au gouverneur de Québec qui le pressait de ne pas compromettre dans une aventure les existences précieuses dont il avait charge, je ne suis pas venu ici pour délibérer, « mais bien pour agir ; mon devoir et mon « honneur sont engagés à former une colonie « à Montréal. J'irai, dût chaque arbre contenir « un Iroquois! »

« Maisonneuve ne croyait pas si bien dire. Le terrible Iroquois était là, en effet, enveloppé dans le silence et le mystère des sombres forêts qui bordent le Saint-Laurent ; il était là, suivant la flottille qui remontait le fleuve, épiant tous ses mouvements, la guettant comme une proie.

« Chaque année, divisés en partis de dix à

cent hommes, les Iroquois accouraient de leurs lointains villages pour s'embusquer sur les rives du Saint-Laurent. Malheur au bateau qui jetait l'ancre, le soir, à l'abri de quelque îlot boisé, confiant dans une solitude trompeuse et dans le silence de la nuit! Malheur au colon attardé à cultiver son champ, au soldat imprudent que l'attrait de la chasse ou d'une promenade sous bois entraînait hors des retranchements du poste!

« Cernés soudain par d'invisibles ennemis, ils étaient emmenés prisonniers et réservés, tristes jouets de barbares ingénieux à torturer, pour une lente agonie qui valait plusieurs morts.

« Moins malheureux étaient ceux qui, frappés par derrière, tombaient la tête fracassée. Leurs chevelures sanglantes, scalpées avec une horrible adresse, allaient orner la ceinture du vainqueur et leurs têtes, plantées sur des perches — lugubre apparition dominant les rives du fleuve — glaçaient au loin d'épouvante l'aventureux trappeur jusqu'à ce que des mains chrétiennes les ensevelissent pieusement. Pour perpétuer le souvenir de ses exploits, le féroce Iroquois traçait grossièrement avec du charbon et du vermillon sur les arbres du rivage, après les avoir dépouillés de leur écorce, l'image de sa victime et la représentation des supplices raffinés qu'il lui avait infligés.

« Mais qu'importaient à Maisonneuve la solitude et ses terreurs, le désert et ses hôtes farouches? Nulle crainte ne pouvait entamer ces âmes qui s'étaient vouées à Dieu et à qui eût tenté d'ébranler son courage, Maisonneuve eût sans doute répondu, avec le héros de *Polyeucte*, qu'il avait pu voir représenter à Paris pour la première fois quelques mois auparavant :

Si mourir pour son prince est un illustre sort,
Quand on meurt pour son Dieu, quelle sera la mort!

« Le 18 mai 1642, après dix jours de navigation, beaucoup plus de temps qu'il n'en faut pour venir aujourd'hui de Paris jusqu'ici, Maisonneuve débarqua dans l'île de Montréal, visitée par Champlain trente et un ans plus tôt. Il mit pied à terre dans une prairie émaillée de fleurs printanières, à deux pas d'une clairière que bordaient des arbres séculaires.

« Comme Christophe Colomb, quand il foula pour la première fois ce monde nouveau que son génie avait révélé, Maisonneuve s'agenouilla avec les siens pour rendre grâces à Dieu et lui demander de bénir la colonie naissante. Puis on improvisa un autel que l'on décora de fleurs et de feuillage, et, la messe terminée, le prêtre qui l'avait célébrée adressa aux assistants ces paroles empruntées à l'Évangile : « Vous êtes « le grain de sénevé qui grandira jusqu'à ce « que ses branches couvrent la terre ; vous « êtes peu nombreux, mais votre travail sera « l'œuvre de Dieu ; son sourire est avec vous « et vos enfants rempliront l'univers. »

« La nuit était venue ; des mouches phosphorescentes traçaient dans l'ombre comme un sillon lumineux. On en prit un grand nombre qu'on réunit en guirlandes autour de l'autel et du saint sacrement. Puis des sentinelles furent postées près des feux allumés, autour du camp où dormaient les pionniers de la France et de la foi. Tel fut le jour de naissance de Montréal. »

M. de Mauriac s'était interrompu.

« Mais, demanda Jean-Paul, quel fut le lendemain de ce jour mémorable? Qu'advint-il de ces pauvres colons détachés en enfants perdus en plein pays de sauvages? »

— Pendant de longs mois, reprit M. de Mauriac, ils furent bloqués par les Iroquois. Tireurs excellents, invisibles derrière les arbres de la forêt, se cachant même au besoin dans les troncs creux des vieux arbres, les Iroquois fondaient à l'improviste sur les colons qui s'aventuraient hors de l'île.

« Maisonneuve, aussi prudent que brave, finit par défendre à ses hommes de se risquer sur la terre ferme, pensant bien que l'Indien aurait toujours le dessus dans cette guerre d'embuscades. Mais ses soldats murmurèrent. Un jour l'un d'eux, délégué par ses camarades, vint lui dire : « Monsieur, les Indiens sont dans les « bois, n'irons-nous jamais les voir? — Eh bien, « soit ! répliqua vivement Maisonneuve, vous « allez voir l'ennemi. Apprêtez-vous et ayez soin « de vous montrer aussi braves que vous êtes « impatients. Je vous conduirai moi-même. »

« Quelques minutes après, Maisonneuve quittait la colonie à la tête de trente hommes et s'enfonçait dans la forêt.

« Tout à coup le cri de guerre de l'Iroquois retentit autour des Français; flèches et balles pleuvent sur eux, trois sont tués, un plus grand nombre blessés.

« Maisonneuve ordonne la retraite, mais les Iroquois gagnent sur les Français que la neige aveugle et dont elle retarde la marche.

« Alors Maisonneuve, comme autrefois Bayard au pont du Garigliano, se poste au milieu du sentier et, formant à lui seul l'arrière-garde, il tient tête aux Indiens.

« Tant d'intrépidité les étonne. A son courage ils reconnaissent en lui le chef des blancs; ils veulent le prendre vivant ou, tout au moins, réserver à leur chef l'honneur de le tuer. A leurs cris le chef iroquois accourt. Maisonneuve le vise, le coup rate, et l'Indien s'élance sur lui. Le Français pare le coup et, de son épée, abat l'Iroquois à ses pieds.

« Les Indiens, selon leur coutume, ne songent

plus qu'à emporter le cadavre de leur chef. Ils interrompent leur poursuite et Maisonneuve rentre dans le fort avec les siens qui, sauvés par sa bravoure, reconnaissent en lui un héros. Ils ne furent plus tentés d'accuser la timidité de ce nouveau chevalier sans peur et sans reproche.

« Pour déjouer les ruses des Indiens et révéler leurs embuscades, savez-vous, ajouta M. de Mauriac, de quel stratagème Maisonneuve s'avisa? Il fit venir de France une meute de chiens que l'on dressa spécialement pour la chasse à l'Indien.

« Toute la meute obéissait à une chienne remarquablement intelligente que, pour ses aptitudes singulières, on appela *Pilote*.

« Matin et soir *Pilote*, suivie de ses petits, faisait une ronde à travers les prés et la forêt voisine du fort. Sévère pour ses enfants et inflexible sur la discipline, *Pilote* courait après ceux de ses petits qui,

> La faim, l'occasion, l'herbe tendre, et, je pense,
> Quelque diable aussi *les* poussant,

se risquaient à quitter les rangs pour aller marauder, leur montrait les dents ou plutôt les crocs, leur distribuait force horions pour les faire rentrer dans le devoir et traitait de même les paresseux qui désertaient la ronde pour revenir au camp savourer les douceurs d'un repos mal gagné.

« Dès qu'elle flairait un Iroquois, ses aboiements sonores donnaient l'éveil au camp. Les Indiens en furent désormais pour leurs ruses. Les colons étaient avertis : l'attaque les trouvait prêts.

« Pour ne vous rien cacher, ajouta M. de Mauriac, nous savons par l'histoire, car *Pilote* a eu des biographes — bien des hommes en ont eu dont la vie ne méritait pas un tel honneur — nous savons par l'histoire que l'incorruptible *Pilote* avait un faible, un seul : c'était un goût malheureux, un attrait irrésistible pour la chasse à l'écureuil.

« Quand il lui arrivait de flairer en même temps un écureuil et un Iroquois, son jugement s'obscurcissait, elle sacrifiait son devoir à sa passion, courait à l'écureuil et négligeait l'Indien. Ce fut le seul défaut de cette bête incomparable. Que celui qui n'a jamais péché lui jette la première pierre. Même l'animal n'est pas parfait », conclut M. de Mauriac avec un sourire philosophique.

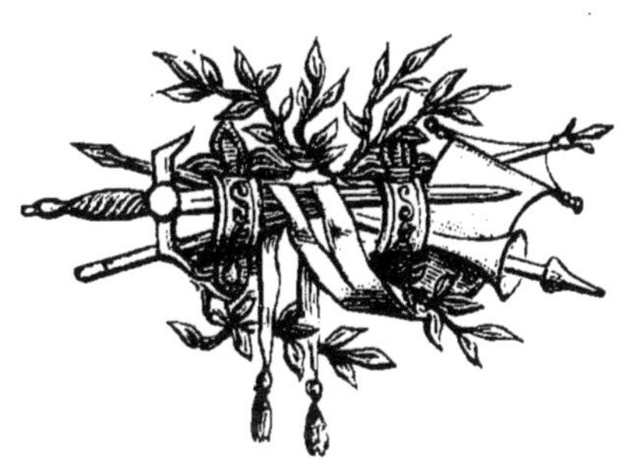

CHAPITRE IX

Une aurore boréale. — Le Paris de l'Amérique. — Le réveil du Saint-Laurent. — Embâcle et débâcle. — Un pont de trois kilomètres.

Octave de Mauriac avait fait de Jean-Paul son camarade. Chaque jour, à partir de l'heure où se fermaient les bureaux de son père, il se plaisait à faire au jeune novice les honneurs de sa ville natale et s'amusait à tenir en haleine sa curiosité en lui ménageant la surprise d'explorations intéressantes et de découvertes inattendues, dans un pays où tout était nouveau pour Jean-Paul. C'est ainsi qu'une nuit Georges de Mauriac avait joui de la mine étonnée du jeune Français à l'aspect inopiné d'une aurore boréale. Ce phénomène, assez fréquent dans les pays du Nord, était ce soir-là d'une intensité de lumière merveilleuse. L'arc de l'aurore jeta pendant plusieurs heures les traits les plus éclatants, tandis que l'espace sombre, la *couronne de l'aurore boréale*, était sillonné de temps en temps par des éclairs d'une coloration fantastique.

« Est-il possible, s'écria Jean-Paul, le lendemain du récit que lui avait fait M. de Mauriac de la fondation de Montréal, est-il possible que nous foulions en ce moment le terrain même des exploits de Maisonneuve, que deux siècles et demi aient suffi pour changer en une ville magnifique, l'une des reines de l'Amérique, le modeste établissement d'une poignée d'héroïques pionniers ? »

Quel contraste entre Québec et Montréal! A ne regarder que le dehors des choses, l'apparence des gens pressés de vivre et impatients d'arriver, leur air fiévreux, c'est ici vraiment un monde nouveau ou plutôt c'est à Montréal que commence le Nouveau-Monde.

Québec, c'est la vieille ville, toute pleine des souvenirs d'autrefois. Son ancienneté, son passé historique qui lui confère comme un titre de

Une aurore boréale.

noblesse parmi les villes d'Amérique presque toutes nées d'hier, font le charme de Québec aux yeux du voyageur. Pas une pierre de ses vieilles maisons branlantes qui ne parle des siècles écoulés; pas une de ses rues grimpantes, aux lacets sinueux, qui n'évoque le temps des chaises à porteurs, des marquis qui venaient chercher aventure au Canada et qui, fraîchement débarqués et vètus à la dernière mode de France, en culottes courtes et perruques poudrées, dansaient avec la même égalité d'âme dans Québec assiégé au son des violons et au bruit des canons.

Montréal, c'est la ville neuve, la ville moderne. Avec ses toits de métal qui brillent au soleil, ses larges rues bordées de superbes maisons, de magasins abritant les trésors du luxe moderne et étalant toutes les séductions qui peuvent tenter le passant dont la bourse est garnie, Montréal n'est pas seulement la métropole du Canada, il est le Paris de l'Amérique.

C'est le Saint-Laurent qui a fait la fortune de Montréal. Il l'unit aux grands lacs, ces petites méditerranées d'eau douce de l'Amérique du

Nord, et par eux à cette plaine immense, la plus vaste de l'univers, qui va des mers polaires au golfe du Mexique et qui est aujourd'hui le grenier d'abondance du monde. Il l'unit par son puissant affluent, l'Ottawa, à la ville du même nom, capitale officielle du Canada, où siège le Parlement du *Dominion*. Il l'unit enfin à l'Océan et, par delà l'Océan, à la vieille Europe.

En bon matelot, fidèle à la mer même sur le *plancher des vaches*, c'était surtout sur les quais que Jean-Paul aimait à se promener, parmi les ballots de marchandises, au milieu des richesses de l'Amérique et de l'Europe répandues sur le sol, que, de leurs bras puissants, et dans un effort de leurs muscles d'acier, les grues à vapeur chargeaient et déchargeaient au bruit des rauques saccades de leurs engrenages.

Il examinait curieusement les navires de toutes les nations qui s'y pressaient, s'y serraient les uns contre les autres, comme à l'étroit, malgré l'immensité du fleuve et dont les mâts, apparaissant comme une forêt touffue au bout des rues conduisant au port, rappelaient l'entassement pittoresque des vaisseaux dans les bassins de Rotterdam et du Havre ou dans le vieux port de Marseille.

Une après-midi que Jean-Paul avait accompagné M. de Mauriac et le capitaine Hendricksen sur les quais, il s'arrêta comme absorbé par ce spectacle toujours nouveau pour lui.

« Vous faites bien, lui dit M. de Mauriac, de graver ce spectacle dans votre mémoire, car il ne va tarder à changer. Dans une quinzaine de jours au plus tard le fleuve sera gelé et vous pourrez vous procurer la sensation, vraiment singulière quand on l'éprouve pour la première fois, de le traverser à pied sec. »

Bien que cette information ne fût pas nouvelle pour lui, Jean-Paul hocha la tête avec étonnement à la pensée que, dans quinze jours, les eaux bleues du grand fleuve qui coulait sous ses yeux avec une tranquille majesté seraient comme figées et frappées d'immobilité, emprisonnant dans leur captivité les navires retardataires et glaçant pour de longs mois toute cette vie bruyante qui s'agite à la surface des flots.

« Notre Saint-Laurent, reprit M. de Mauriac,

c'est deux fleuves en un seul. L'été, c'est-à-dire huit mois de l'année, d'avril en décembre, c'est le fleuve vivant, puissant, le roi des fleuves que vous avez sous les yeux. L'hiver, engourdi par le froid, il s'endort dans son linceul de neige et de glace. En été, il est la grande route de notre commerce, il fait la vie, la richesse de Montréal. En hiver, il est la source de nos meilleures distractions.

« Son réveil seul est terrible. Quand la température tiède commence à fondre la glace, quand la plaine, jusque-là tout unie, du fleuve gelé se disloque, c'est le moment solennel et terrible de la débâcle. La glace amincie se brise en blocs souvent énormes et ces blocs épars, tournoyants, se heurtent, s'entre-choquent, et, se faisant obstacle les uns aux autres, finissent par s'entasser en une immense barrière haute comme une banquise des mers polaires.

La banquise du Saint-Laurent demeure immobile pendant des jours entiers. De temps en temps, on entend le craquement des blocs qui cèdent et s'écroulent jusqu'à ce qu'enfin, sous la pression toujours croissante des glaces qui vont

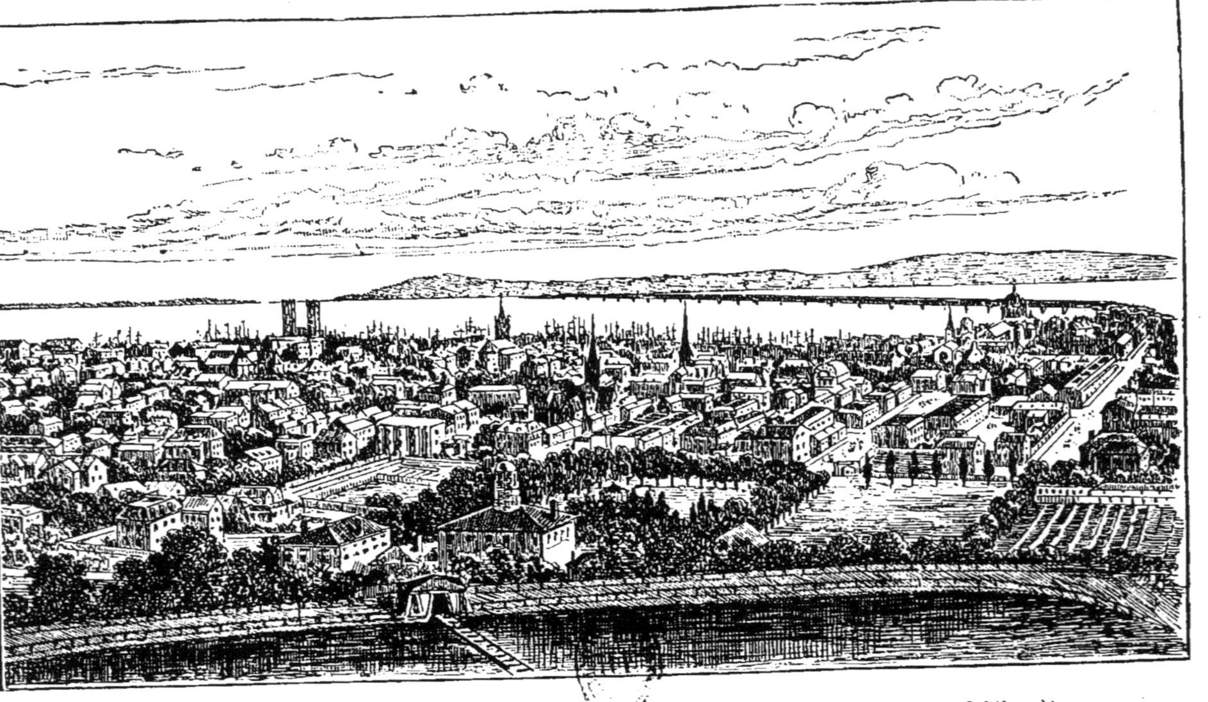

Montréal et le pont Victoria, formé d'une série de tubes de fonte d'une longueur de 3 kilomètres.

s'accumulant et des eaux qui les charrient, la gigantesque muraille s'abîme avec un fracas d'explosion, rouvrant aux eaux et aux vivants le chemin du fleuve. C'est ainsi que le Saint-Laurent se réveille de sa léthargie. Qui a assisté une fois à ce réveil formidable ne l'oublie jamais. »

En causant ainsi M. de Mauriac et ses compagnons étaient arrivés à la jetée qui signale les approches du pont Victoria, la merveille de Montréal. Ce pont, que le prince de Galles inaugura solennellement en 1860, n'a pas coûté moins de trente millions de francs; c'est l'un des plus beaux monuments de l'industrie et du génie de l'homme. De loin, il paraît fort bas sur le fleuve et de construction lourde et massive.

« Remarquez-vous, dit à Jean-Paul le capitaine Hendricksen, ces piles rectangulaires, munies de puissants brise-glaces? Elles supportent, à 18 mètres de hauteur, un immense tube de fer de près de trois kilomètres de longueur. C'est dans ce tunnel métallique que s'engouffrent, en pleine obscurité et avec un bruit assourdissant qui ajoute au saisissement du voyageur, les trains qui partent de Montréal.

— Avez-vous eu connaissance, reprit M. de Mauriac en s'adressant au capitaine Hendricksen, du projet qu'on agite ici en ce moment? La croissance de Montréal est si rapide que le pont Victoria ne suffit plus pour mettre en contact avec le dehors l'activité débordante de mes entreprenants concitoyens. Ils veulent creuser un tunnel de quatre kilomètres sous le Saint-Laurent, les plans sont prêts, les sondages ont été faits. Il n'y a plus qu'à aller de l'avant. Les Montréalais auront la gloire d'avoir creusé le plus long tunnel qui ait jamais été percé sous les flots, puisque l'Angleterre tient à rester dans son île et ne veut entendre parler à aucun prix d'un tunnel sous la Manche.

— Certes, reprit Jean-Paul, les habitants de Montréal ont raison d'être fiers de leur jeune cité. Je serais bien ingrat et je vous remercierais bien mal de votre généreux accueil si je ne m'associais à votre admiration pour toutes les merveilles qui défilent sous mes yeux. Mais enfin, pour tout vous dire, je suis néanmoins un peu déçu. Montréal, avec plus de vie, plus d'anima-

Milice canadienne.

tion, c'est une grande ville française, une ville toute neuve. Il est vrai que la France n'a pas le Saint-Laurent, un fleuve qui, à cinq cents kilomètres de son embouchure, est encore large de quatre kilomètres, mais qu'y a-t-il ici de proprement américain? Je cherche l'Amérique et ne la trouve pas.

« Vous parlez, ajouta Jean-Paul, le français le plus pur, vous vous habillez à la française, je dirais même, si j'étais capable de me prononcer en si grave matière, à la dernière mode de Paris. Vos soldats sont anglais, votre milice canadienne, dont j'ai rencontré l'autre jour dans la rue quelques représentants qui avaient ma foi fort bon air sous les armes, a le casque à pointe des Prussiens. Vos magasins, vos hôtels, sont éblouissants de luxe, d'un luxe tout parisien. Que dis-je! Paris même, d'après ce que j'ai lu l'autre jour dans un de vos journaux, est en retard sur vous! Il ne s'éclaire pas encore à l'électricité.

« Mais dans tout cela où est l'Amérique? Oserai-je vous dire qu'un seul Peau-Rouge vêtu de peaux et coiffé de plumes, un descendant authentique d'un de ces féroces Iroquois que *Pilote* savait si bien flairer, ferait bien mieux mon affaire?

— En vérité, Jean-Paul, répliqua M. de Mauriac, vous ne démentez pas votre âge. Vous en avez la curiosité insatiable et les exigences jamais satisfaites. Age heureux et un peu ingrat aussi, où l'inconnu attire, où ce que l'on voit ne vaut jamais ce que l'on imagine ! Mais attendez quelques jours encore : l'hiver venu, vous ne vous plaindrez pas, hivernant à Montréal, de le passer en France et le Canada aura alors une couleur locale à souhait pour vos yeux et qui lui fera, je l'espère, trouver grâce devant vous.

« En attendant, venez demain samedi avec moi. Vous sortirez du bureau une heure plus tôt que d'habitude, à trois heures. Je partirai à six heures pour ma maison de campagne de Bel-Air et je vous emmènerai pour y passer avec mes fils la journée de dimanche. Mais, en attendant l'heure du train, je tâcherai de satisfaire votre curiosité et je ferai de mon mieux, mon jeune incrédule, pour vous aider à découvrir l'Amérique. »

CHAPITRE X

Des sauvages dégénérés. — Un site enchanteur. — Le lac des Mille-Iles. — Un jardin sous les eaux. — Les rapides du Saint-Laurent. — Un moment d'émotion.

Le lendemain, Jean-Paul fut exact au rendez-vous. « Je vais, lui dit M. de Mauriac, vous faire visiter le quartier français. Montréal n'est pas, comme Québec, une ville exclusivement française. Français et Anglais sont ici en présence et se sont cantonnés dans des quartiers spéciaux, comme à la Nouvelle-Orléans, les Français à l'est, les Anglais à l'ouest. Mais ici, Dieu merci, l'élément français n'est pas près d'être absorbé, il devient même de plus en plus prépondérant. »

Place Jacques-Cartier Jean-Paul s'arrêta un instant pour regarder la statue élevée par l'Angleterre à Nelson.

« Jacques Cartier, Nelson! s'écria Jean-Paul, voilà certes deux noms qui doivent être fort étonnés et peut-être un peu ennuyés de se trouver ici réunis. Si Jacques Cartier avait sa statue en face de celle de Nelson, de quel œil le brave marin qui donna le Canada à la France regarderait-il le vainqueur de Trafalgar?

— Je ne suis pas sûr, en effet, répondit M. de Mauriac, que la statue de Nelson n'eût pas été mieux placée ailleurs qu'ici. Mais, sans épouser les querelles de l'Angleterre, nous épousons volontiers ses gloires lorsqu'elles sont pures. »

Quelques minutes de marche conduisirent M. de Mauriac et Jean-Paul à l'église de Bon-Secours, au cœur du vieux quartier français.

« Vous avez visité, lui dit M. de Mauriac, la cathédrale de Montréal, Notre-Dame, qui, par ses hautes tours, le caractère et la richesse de son architecture, rappelle la cathédrale de Paris et qui peut contenir dix mille personnes. Vous avez maintenant devant vous la plus vieille église de Montréal. »

Jean-Paul se sentait dépaysé. A deux pas de la ville moderne, ces habitations séculaires, cette humble église de village où tant de générations s'étaient agenouillées, que seule une image de la Vierge distinguait des demeures voisines, et consacrait comme la maison du Seigneur parmi les maisons des hommes, déroutaient l'esprit de Jean-Paul en le ramenant à deux siècles en arrière, au temps où Montréal n'était qu'une pauvre paroisse.

« Décidément, l'Amérique est la terre des contrastes. Je ne désespère pas de voir mon souhait accompli et d'apercevoir quelque jour, s'écria-t-il en riant, une tribu de vrais Peaux-Rouges, campant dans un vrai désert, à deux pas d'une ligne de chemin de fer, et lançant leurs flèches empoisonnées sur le train qui fuit à toute vapeur!

— Parmi les 75 000 Indiens qui vivent encore sur le territoire du Canada, j'espère bien, Jean-Paul, répondit M. de Mauriac, que vous finirez par rencontrer de vrais sauvages, des Peaux-Rouges bon teint et sauvages à faire peur. En attendant je vais vous présenter des sauvages civilisés. »

A l'entrée de la gare où l'on était arrivé,

quelques Indiens offraient aux voyageurs des chefs-d'œuvre de leur industrie, des objets en peau d'orignal, bizarrement ornés de perles en couleur.

« Mais ils sont affreux, s'écria Jean-Paul, avec ces couvertures aux couleurs voyantes et criardes dont ils s'affublent, pires que des sauvages, ni sauvages, ni civilisés !

— Je n'en disconviens pas, répliqua M. de Mauriac. Mais que voulez-vous ? La civilisation les a gâtés. Approchez-vous d'eux : ils ne sont point farouches, au contraire ils se familiariseront trop vite si vous n'y mettez bon ordre. Ils n'ont plus rien de sauvage que le nom du village qu'ils habitent à une heure d'ici, Caugnawaga. Caugnawaga ! Voilà au moins un nom qui est Peau-Rouge et couleur locale !

« Il en est, continua M. de Mauriac, parmi ces descendants dégénérés des farouches Iroquois, qui n'ont pas dédaigné de faire fortune. Ceux-là parlent le français et l'anglais — à leur façon — s'affublent dans les occasions solennelles d'un chapeau haut de forme, et devenus paisibles bourgeois, rentiers respectés, ils font donner, ô horreur! des leçons de piano à leurs filles (la musique adoucit les mœurs!). Quelle gloire pour la civilisation qui a conquis, transformé en deux siècles ces âmes brutes et des doigts grossiers qui lançaient le tomahawk avec une implacable adresse a fait des doigts souples et agiles qui courent sur les touches du piano! »

Quelques minutes plus tard, le train emportait à toute vapeur, le long du Saint-Laurent, Jean-Paul, M. de Mauriac et ses fils. La maison de campagne de M. de Mauriac était située dans une des îles du fameux lac des Mille-Iles, l'un des endroits les plus enchanteurs qui soient au monde.

Au sortir du lac Ontario, le Saint-Laurent étale la nappe de ses eaux bleues en une sorte de lac parsemé d'îles de toute grandeur et de l'aspect le plus varié, dont chacune est une perle.

C'est le lac des Mille-Iles : en réalité il n'en renferme pas moins de 1700, si l'on y comprend tout ce qui émerge des flots, depuis les îlots de rochers, écueils verdoyants, jusqu'aux plus grandes îles qui ont douze et même quinze kilomètres de longueur.

L'aspect de la plupart de ces îles offre un charme idéal. Ici c'est un simple bouquet d'arbres qu'inclinent leurs branches pendantes vers les flots comme pour s'y désaltérer. Ailleurs, la végétation arborescente s'éclaircit. Des pelouses font parmi la verdure sombre des arbres comme une tache claire et les eaux tantôt bleues, tantôt d'un vert profond, où se mirent la dentelle délicate des feuilles et des rameaux ou les pointes âpres des rocs qui s'avancent comme de minuscules promontoires, viennent battre doucement ou plutôt caresser le rivage découpé en mille baies gracieuses aux pentes gazonnées.

De loin, les Mille-Iles apparaissent comme une corbeille de verdure émergeant des flots. Mais ici les flots complètent la terre. Quelque chose manquerait à ce site enchanteur si les Mille-Iles ne reflétaient leurs contours capricieux et délicats dans les eaux si pures qui semblent les baigner avec amour. Les canaux qui les séparent forment un gracieux labyrinthe, véritable fête des yeux, à souhait pour l'imagination d'un poète et l'extase d'un rêveur.

Sur le lit de ces innombrables canaux, à travers le cristal des eaux, le regard aperçoit une végétation aquatique d'une richesse extraordinaire. Rien de plus charmant que ces jardins sous les eaux que la nature, cette merveilleuse artiste, a dessinés, avec leurs fleurs innombrables, leurs tapis de pourpre, leurs coussins de mousse, pour lesquels elle semble avoir épuisé toutes les couleurs de sa palette.

Beaucoup de ces îles sont encore inhabitées, mais bon nombre sont possédées par des habitants de Montréal et des villes voisines du Saint-Laurent, qui y viennent en villégiature pendant les chaleurs de l'été respirer des brises toujours fraîches et vivifiantes. Des industriels y louent même, pendant la saison chaude, des tentes qui renferment tout ce qu'il faut pour une habitation sommaire. On y vient en famille de la contrée avoisinante, en manière de partie de plaisir.

C'est dans l'une des îles les plus ravissantes de l'archipel, l'île du Grenadier, que M. de Mauriac avait sa maison de campagne. Il s'était gardé de gâter l'œuvre de la nature en la corrigeant. Il avait respecté, en se l'appropriant, ce site charmant. Impossible de rêver solitude plus délicieuse. Jean-Paul y passa avec ses amis des heures charmantes : il connut en un jour les délices de ce lieu enchanteur, le bonheur de se sentir vivre en aspirant l'air pur et fortifiant qui circule sur les eaux, le repos exquis qu'on goûte quand on est bercé par les flots.

Le lendemain matin, M. de Mauriac dit à Jean-Paul : « Vous ai-je montré de l'Amérique assez pour vous convaincre qu'elle existe? Mais vous n'avez pas vu le plus curieux des environs de Montréal. Je vous en ai gardé la surprise pour notre retour. »

Quelques minutes après, la famille de Mauriac et Jean-Paul s'embarquaient sur un des puissants *steamboats* qui descendent le fleuve jusqu'à Montréal.

Entre le lac des Mille-Iles et Montréal, le Saint-Laurent, comme s'il avait hâte de marier ses eaux à la mer, précipite sa course en franchissant une série de rapides. Un canal éclusé qu'emprunte la navigation ordinaire contourne

Le steamboat entra dans le rapide du *Long-Sault*.

chacun de ces rapides qu'affrontent seuls, et à la descente seulement, des bateaux à vapeur, spécialement construits pour ce service, et qui ne transportent que des voyageurs.

Quelques heures après avoir quitté le lac des Mille-Iles aux eaux dormantes et silencieuses, le *steamboat* qui portait Jean-Paul entra dans le rapide du *Long-Sault.* La rapidité des eaux qui l'entraînaient était telle, en quelques endroits, que Jean-Paul éprouvait cette sensation singulière qui vous fait retenir votre haleine quand vous descendez une côte dans un véhicule lancé à toute vitesse. Les flots en s'entrechoquant formaient parfois des remous furieux qui rejaillissaient en vagues de quatre à cinq mètres de hauteur.

A l'approche des endroits dangereux, Jean-Paul s'intéressa vivement à la manœuvre du bateau.

On stoppait la machine. Dans la cabine du pilote, sur le pont, quatre hommes maintenaient immobile la roue du gouvernail. A l'arrière, quatre autres marins fixaient solidement le gouvernail avec une barre de fer, de peur que les chaînes qui le relient à la roue venant à casser, il ne déviât et, en déviant, ne précipitât le navire sur les rochers. Poussé par la seule force du courant, le bateau plongeait et rebondissait parmi les crêtes écumeuses des flots; sous leur choc, il tremblait et frémissait d'un bout à l'autre de sa carène et oscillait sur lui-même, à faire perdre l'équilibre aux passagers qui étaient forcés de se retenir aux parois du *steamboat*.

Entre le *Long-Sault* et Montréal, le Saint-Laurent forme deux lacs, le lac Saint-François et le lac Saint-Louis qui précède les fameux rapides de Lachine, nom bien français qui rappelle que les premiers explorateurs de ces parages crurent avoir trouvé, en remontant le Saint-Laurent, le passage tant cherché vers la Chine.

A Lachine, le bateau prit un pilote indien. C'est à ce pilote qu'appartient l'honneur de guider le bateau dans sa descente vertigineuse. Le chenal est ici si étroit qu'à un certain endroit le *steamboat* passe entre deux murs de rochers noirâtres dont on voit reluire nettement, à tra-

Indigènes du Haut-Canada naviguant au milieu des rapides

vers la mince couche d'eau qui les recouvre, les dents aiguës et les pointes menaçantes.

Ici, les eaux se précipitent avec une effrayante vélocité, 65 kilomètres à l'heure, la vitesse d'un train rapide lancé à toute vapeur! Elles tourbillonnent sur elles-mêmes en formant des deux côtés un épais bourrelet et en creusant au milieu du chenal une sorte de vallée où le bateau roule plutôt qu'il ne glisse. Guidé par une main sûre, il file comme une flèche, il est hors des rapides.

Encore quelques minutes et le pont Victoria se profile à l'horizon. Comme nos passagers mettaient pied à terre, Jean-Paul dit en riant à M. de Mauriac : « En débarquant ici, me voilà de retour en France, mais croyez que je garderai le meilleur souvenir de l'excursion que vous m'avez fait faire en Amérique. »

CHAPITRE XI

L'hiver. — Les traîneaux canadiens. — Les clubs de patineurs. — Une catastrophe. — Engloutis sous la glace. — Une situation désespérée. — Double dévouement.

L'hiver était venu. Après un automne magnifique qui s'était attardé et avait, cette année, prolongé la saison active, sans transition le thermomètre s'abaissa et la bise se mit à souffler. Une couche de glace mince et transparente se forma sur les bords du Saint-Laurent, de légers glaçons coururent sur les eaux, puis un matin le fleuve apparut immobile et figé. Plus de blanches voiles pour l'animer : la neige qui tombait à gros flocons recouvrait d'un même manteau la terre et les flots.

Dans les rues silencieuses, la charrue à neige laboura la couche épaisse épandue sur le sol

Charrue à neige pour frayer les chemins en hiver.

pour frayer un chemin aux véhicules et aux passants. Puis le soleil, le beau soleil vivifiant des solitudes enneigées du Nord se remit à briller. La neige, durcie par le froid, crépita sous les pieds des marcheurs et les voitures qui roulent firent place aux traîneaux qui glissent : les uns tels que le *berlot*, le traditionnel traîneau du Canada, modeste équipage aux couleurs crues et voyantes ; les autres, équipages de maîtres, où s'étale le luxe des heureux de ce monde qui, enveloppés de chaudes et précieuses fourrures, tiennent les rênes du magnifique *four in hand*, attelé de quatre chevaux de race, piaffant, paradant, partout où il est de mode de se montrer, partout où se décerne la palme de l'élégance et de la richesse.

La saison d'hiver était commencée.

L'hiver, c'est la saison canadienne. C'est pendant l'hiver qu'il faut visiter le Canada. C'est la saison de la joie, des distractions fortifiantes, de la vie au dehors.

Aussi quelle fête quand l'hiver s'annonce par la chute des premières neiges! Chacun met la dernière main à ses préparatifs, renouvelle sa provision de patins, fait repeindre ses traîneaux.

Octave de Mauriac et son frère appartenaient, comme la plupart des jeunes gens de Montréal, à divers clubs ou associations de patinage et autres sortes de *sports* physiques. Chaque jour ils éveillaient la curiosité de Jean-Paul en lui parlant des fêtes qu'on se promettait d'organiser, courses de patineurs, courses de traîneaux, descentes vertigineuses en *toboggan*. Les universités canadiennes encouragent ces exercices physiques en leur permettant d'empiéter sur les heures consacrées dans nos écoles françaises au travail et aux cours. Il n'est pas sûr que les études des écoliers américains souffrent de cette diversion et il est certain que leur santé se trouve fort bien d'un délassement hygiénique et fortifiant.

Chaque jour Octave allait s'assurer si la glace était assez épaisse pour que ses camarades et lui pussent se livrer à leur passe-temps favori. Enfin le matin du 20 décembre il chaussa ses patins et, fort de la permission de son père, il amena Jean-Paul avec lui dans l'emplacement que s'était réservé sur le Saint-Laurent le club de patineurs auquel il appartenait.

« Pour nous autres Canadiens, expliqua Octave à Jean-Paul pendant le trajet, le patinage n'est pas seulement affaire de plaisir et de mode, c'est un apprentissage indispensable qui complète tous les métiers. Quand nos cours d'eau sont gelés, leur nappe unie offre aux patineurs employés comme messagers un chemin à souhait qu'ils parcourent avec une étonnante rapidité.

« Ici, à Montréal, nos clubs de patineurs rivalisent entre eux dans des joutes où les couleurs de chaque société sont portées par ses meilleurs champions. Vous verrez bientôt nos patineurs et nos patineuses dessiner sur la glace les zigzags les plus capricieux, les plus fantastiques arabesques.

« Je vous donnerai quelques leçons, ajouta Octave. Vous n'en arriverez pas du premier coup à battre le champion de notre club qui l'année dernière a parcouru près de 30 kilomètres en une heure, la vitesse la plus considérable qui ait jamais été réalisée par un patineur, et qui, pour cette raison, a été proclamé le « Champion d'Amérique. » Mais après quelques chutes dont, en votre qualité de marin, vous vous relèverez avec grâce, vous aurez vite fait d'assurer votre équilibre et vous goûterez alors une impression délicieuse à vous sentir glisser sans effort, avec une légèreté presque aérienne et une facilité de direction incomparable. »

Le même jour, en effet, Octave donna à Jean-Paul sa première leçon de patinage et Jean-Paul s'en tira à merveille. Il n'avait point la gaucherie des patineurs qui en sont à leur premier essai, il ne tomba qu'une seule fois et il se releva avec tant de souplesse qu'on eût à peine dit qu'il avait touché terre. Les rieurs étaient désarmés. Ne patine pas qui veut du premier coup : pour apprendre à patiner il n'est rien de tel que d'avoir le pied marin et la souplesse qui défie le roulis. L'apprenti patineur, même en si bonne compagnie, eut les honneurs de la journée.

Le lendemain, qui était un dimanche, Jean-Paul fut invité par Octave à assister à une joute de patineurs qui avait lieu sur le Saint-Laurent, à quelque distance en amont de Montréal, en un endroit où la glace était particulièrement lisse et unie.

La foule des oisifs endimanchés qui, à Montréal comme en France, fête le jour du repos en se livrant à une promenade hygiénique, s'était portée vers l'enceinte réservée aux patineurs. Elle ne tarda pas à déborder sur le fleuve glacé et le cercle des spectateurs, s'élargissant sans cesse, se trouva fort avant sur la couche de glace au-dessous de laquelle les eaux du Saint-Laurent continuaient à couler à pleins bords.

La foule, attentive et joyeuse, applaudissait les exercices des patineurs costumés avec une élégance pleine de recherche et portant les insignes et les couleurs de leurs clubs, lorsque tout à coup retentit un cri de détresse suivi d'une immense clameur.

La couche de glace la plus éloignée du bord avait cédé sous le poids des promeneurs, de plus en plus nombreux, et trois d'entre eux venaient d'être précipités dans les flots.

On sait que la glace se forme d'abord dans les eaux tranquilles; en vertu de ce principe, la couche de glace est toujours plus mince au milieu des rivières, où les eaux sont plus agitées et le courant plus fort, que sur les bords, où le frottement des molécules liquides contre les rives ralentit le courant. C'est ainsi que les bords du Saint-Laurent sont parfois glacés depuis de longues semaines avant que le milieu du fleuve soit pris. Et même quand tout le fleuve est gelé, il faut se garder de s'aventurer sur la partie la plus éloignée des rives avant que la glace ait l'épaisseur voulue pour supporter le poids d'un homme. Quelquefois, surtout quand l'hiver débute par un froid très rigoureux, les flots sont brusquement figés, en conservant jusqu'au pli des rides qu'y traçait le vent, et l'on voit des chutes d'eau puissantes, telles que celles du Montmorency, comme saisies et glacées dans leur vol, se solidifier en énormes stalagmites et stalactites brillantes comme du cristal de roche, et former d'un bord à l'autre un pont de glace ininterrompu.

Telle était l'explication de la catastrophe

Chute de la rivière Montmorency en hiver.

qui venait de se produire. En quelques instants la foule éperdue fuyait dans la direction du rivage, fort heureusement pour les victimes dont elle eût entravé le sauvetage. Seuls, quelques braves gens étaient restés sur les bords de la cassure béante et déchiquetée. Ils assistaient impuissants aux efforts des malheureux qui allaient se noyer et qui, de leurs bras tournoyants, essayaient de se raccrocher aux morceaux de glace détachés et tourbillonnant sous leur impulsion inégale et frénétique.

En un moment les patineurs furent sur le lieu du désastre.

Octave devança tous ses compagnons. Se jetant à plat ventre sur la glace, pour mieux répartir le poids de son corps, il se rapprocha en rampant de l'ouverture béante et finit par arriver jusqu'au bord. Elevant sa tête au-dessus de l'eau qui grondait en s'engouffrant sous la glace, il réussit à saisir un bras qui s'élevait sur les flots comme pour un suprême appel. Doucement, il attira à lui le corps d'une jeune fille et, sur ses indications, ses compagnons, sans qu'il se relevât, le tirèrent lui-même en arrière; une première victime fut ainsi arrachée à la mort.

Octave fit alors en rampant le tour de l'ouverture et, se plaçant dans la meilleure position, guettant l'instant favorable, un remous des eaux, une de ces convulsions suprême qui rejettent les noyés à la surface, il réussit à arracher à la mort un jeune homme qui, accroché à un glaçon comme à une bouée de sauvetage, les mains ensanglantées par les arêtes vives de la glace, se débattait désespérément à quelque distance du bord de la fracture.

Restait une dernière victime. C'était un tout jeune enfant. Incapable de se soutenir sur l'eau. éperdu dans ses mouvements, il allait disparaître lorsqu'Octave, risquant toute la partie antérieure de son corps au-dessus de l'ouverture et ne se retenant que par un miracle d'équilibre, parvint enfin à le saisir. Mais, au moment où, d'un vigoureux élan, il le déposait sur le bord de la cassure, la glace se rompit sous ses efforts et Octave fut précipité à l'eau, tandis que le corps de l'enfant était rejeté en arrière, sur la couche solide, par l'élan même qui avait déterminé la fracture de la glace qui supportait Octave.

Ce dénouement tragique et inattendu arracha un cri d'angoisse aux spectateurs, jusque-là muets et haletants, des péripéties émouvantes du sauvetage accompli par le brave enfant. Surmené, épuisé par l'effort violent auquel il venait de se livrer, Octave avait disparu sous les eaux. Il avait donné toute sa force pour sauver la vie des autres, il ne lui en restait plus pour sauver la sienne propre. Roulé par les eaux, entraîné loin de la surface par le poids de ses lourds patins d'acier dont il n'avait pas eu le temps de se dépouiller et qui allaient agir comme un lest redoutable, c'en était fait de lui...

Tout à coup, un jeune homme s'élance vers l'ouverture dévorante, qui, comme pour se dédommager des victimes qu'on lui avait arrachées, venait d'engloutir leur sauveur.

Sans calculer, sans hésiter, sans prendre le temps d'enlever ses vêtements, devant les spectateurs stupéfaits de ce dévouement héroïque bien digne de celui qui en était l'objet, Jean-Paul plongea sous les eaux glacées.

Dans la demi-obscurité où il se trouvait, il chercha en vain le corps de son ami.

Sans perdre courage, il revint à la surface pour respirer, et, plongeant de nouveau, cette fois s'enfonça résolument sous la glace.

Sous la lumière blafarde et lugubre qui lui arrivait tamisée par la glace amincie, il aperçut enfin à quelque distance, immobile et suspendu à ce fatal plafond sur lequel il se détachait comme une masse sombre, le corps de son ami.

En quelques secondes, il l'atteint, s'en saisit. Mais il étouffe, le souffle lui manque, sa tête se perd, ses yeux se troublent. Il ne sait plus s'orienter, reconnaître la voie qu'il a suivie, retrouver l'ouverture où est l'air, où est la vie.

Alors, obéissant à une inspiration suprême, il rassemble ses forces et, de sa tête défaillante, que chaque coup ensanglante, il frappe comme d'un marteau, en désespéré, avec l'énergie terrible des noyés agonisants, la voûte de sa prison de glace.

Le choc est terrible... Est-ce sa tête, est-ce la voûte de glace qui se brise? Ses yeux ne voient plus, toutes ses impressions se confondent. Jean-Paul perd connaissance tandis que sa tête ensanglantée émerge de la plaine glacée comme d'un linceul et que des mains s'empressent autour de lui, le saisissent et le ramènent évanoui, étreignant toujours le corps de son ami, sur la berge glacée.

Quand Jean-Paul reprit connaissance, il était couché dans la propre chambre de M. de Mauriac. Il ne ressentait aucune douleur aiguë, mais seulement un malaise général, une courbature douloureuse et cette sensation si pénible de vague et d'affaiblissement que laisse une perte de sang abondante.

A l'extrémité opposée de la chambre, ses yeux distinguèrent le visage pâli par la souffrance de son ami Octave. Peu s'en était fallu que le dévouement de Jean-Paul n'eût été inutile. Moins robuste, et de tempérament plus nerveux, Octave désespéra pendant de longues heures les deux médecins mandés en toute hâte à son chevet.

Quand enfin il revint à lui, à peine eut-il le temps de reconnaître son père et son frère, qui, dominant leur angoisse, partageaient nuit et jour leurs soins entre les deux malades; une fièvre ardente, accompagnée de délire, le saisit. Délire effrayant où il se revoyait emprisonné dans sa cellule de glace, où il revivait dans des affres terribles ces instants, longs comme des siècles, où il s'était senti mourir. Travaillé par la fièvre, il étouffait, râlait sous l'hallucination qui l'obsédait.

Six jours s'écoulèrent dans une lutte sans trêve contre le mal. Enfin, la crise se dénoua, l'art et la nature eurent le dessus. Octave épuisé s'endormit d'un long sommeil réparateur.

Quand il se réveilla, son père, son frère, le capitaine Hendricksen et Jean-Paul lui-même étaient auprès de lui. Oh! la joie de retrouver tout entier ce fils, ce frère, cet ami tant aimé, d'être enfin reconnu de lui après ces jours d'attente désespérée!... Octave eut l'intuition rapide de ce qui s'était passé, il évoqua comme dans une vision la terrible scène, devina le reste. Partageant sa première pensée entre son père et son sauveur, il sourit à M. de Mauriac et tendit à Jean-Paul sa main amaigrie.

La convalescence des deux amis fut rapide. Quand la maladie ne le brise pas du premier coup, le ressort de la jeunesse réagit merveilleusement. La joie rentra dans la maison : jamais la table de famille n'avait été si gaie, si animée.

CHAPITRE XII

En vacances. — Une toupie pour grandes personnes. — En *toboggan*. — Le yacht à glace. — Un véhicule dangereux. — La récolte de la glace. — Le carnaval de Montréal. — Le palais de glace.

M. de Mauriac avait interdit à Jean-Paul de reprendre son service avant que ses forces fussent complètement rétablies. Deux semaines après l'accident qui avait failli mettre en deuil cette excellente famille, M. de Mauriac entra un matin dans la chambre de Jean-Paul et lui dit : « Les médecins exigent qu'Octave s'abstienne de tout travail pendant un mois, qu'il mette à profit ce répit pour faire beaucoup d'exercice, pour prendre des bains d'air. Les réparations du *Maëlstrom* sont presque terminées; votre présence à bord ou dans mes bureaux n'est plus indispensable. Le capitaine Hendricksen vous accorde un congé d'un mois avec solde entière et moi, avec votre permission, je vous attache à la personne de mon fils, non comme aide de camp, mais comme tuteur, pour le diriger, le surveiller et au besoin le repêcher. Mais tâchez qu'il ne vous mette pas dans le cas de lui sauver la vie une seconde fois; on n'en réchappe pas à tout coup. »

Comme Jean-Paul expliquait qu'il serait fort embarrassé d'employer ces vacances inattendues, M. de Mauriac reprit : « J'ai pris mes sûretés en arrêtant un petit programme pour l'emploi de vos vacances. Voici, ajouta-t-il en tirant un papier de son portefeuille, l'ordonnance du médecin, je veux dire l'emploi de votre temps. Vos journées seront bien remplies, car chez nous l'hiver est la saison où les distractions chôment le moins. »

Jean-Paul ne pouvait se méprendre sur la délicatesse du procédé dont usait M. de Mauriac pour lui imposer le repos dont avait besoin sa santé ébranlée. Il fit bien voir qu'il n'était pas dupe du prétexte ingénieux imaginé par le cœur généreux de son hôte avec la complicité du brave capitaine Hendricksen.

Mais avant de songer à lui-même, il voulut s'occuper des siens et, séance tenante, il fit part à M. de Mauriac de son intention de faire tenir à sa mère, « pour la Noël des petits », les cent francs provenant de son premier mois de traitement.

« Tranquillisez-vous, répliqua M. de Mauriac. C'est fait. J'ai écrit à Trescoff... de votre part. Les petits auront leur Noël telle qu'ils la peuvent souhaiter et votre bonne mère aura des étrennes selon son cœur en lisant les journaux que je lui ai envoyés : il y est question de vous, mon cher enfant, et ils lui expliqueront comment vous êtes devenu le frère de mes fils et comment je puis employer désormais, sans indiscrétion, ma sollicitude pour les vôtres comme pour une partie de ma famille même. »

Jean-Paul dans la simplicité de son âme, tout naturellement bonne et dévouée, ne s'était jamais douté qu'en risquant sa vie pour sauver celle de son compagnon, il eût fait une action digne d'admiration et de récompense. Profondément touché par l'intérêt que M. de Mauriac témoignait pour les siens, il allait se confondre

La raquette ou chaussure à neige.

en remerciements. Mais M. de Mauriac ne lui en laissa pas le loisir : « Vous ne pourriez avoir un temps plus favorable pour la partie de raquettes portée au programme que je vous ai remis. Octave vous attend pour vous conduire à son club. »

La raquette ou chaussure à neige est d'usage très ancien au Canada. Dès le XVIIe siècle, les soldats des régiments français en garnison au Canada étaient instruits à chausser la raquette. Elle leur permettait d'avancer sur la neige sans s'y enfoncer. Ils parcouraient ainsi d'immenses espaces recouverts de neige et tombaient à l'improviste sur les postes anglais endormis dans leurs quartiers d'hiver.

La raquette se compose d'un cadre de bois de bouleau ou de frêne, durci au feu, arrondi par devant, pointu par derrière, et de lanières de cuir reliant les côtés du cadre. Trois bandelettes attachent solidement la raquette au pied du marcheur. La forme générale rappelle assez exactement l'aspect d'un cerf-volant.

Elle n'est pas d'usage très commode pour le

voyageur qui n'en a pas l'habitude parce qu'elle le force à tourner les genoux en dedans. Mais quand les muscles sont assouplis au maniement des raquettes, elles fournissent à l'habitant des campagnes bloqué par les neiges un moyen de locomotion qu'aucun véhicule ne saurait remplacer et au citadin, homme de loisirs, un exercice agréable et hygiénique qui rend au corps en souplesse et en vigueur tout ce qu'il réclame d'abord d'adresse et d'effort.

Ce jour-là, Octave, qui était l'un des champions les plus renommés du club de raquetteurs auquel il appartenait, s'abstint, non sans regret, vu son état de faiblesse, de prendre part aux joutes de ses camarades.

Ce furent d'abord des courses isolées entre deux raquetteurs, puis entre des membres du club et des Indiens, coureurs incomparables, conviés pour la circonstance, qui ont peu de rivaux dans l'art de chausser et de manier la raquette. Enfin un tournoi général de plusieurs clubs de raquetteurs termina la fête et le vainqueur, acclamé par la foule des assistants, fut ramené en triomphe par ses compagnons et ses rivaux, qui fraternisèrent en son honneur en chantant le refrain cher aux raquetteurs :

Nous perpétuons la mémoire
Des hardis trappeurs,
Héroïques sapeurs,
Dont l'histoire raconte la gloire
Et qui, sans broncher,
Savaient toujours marcher.

Dès le lendemain, Jean-Paul chaussa la raquette; il prit rapidement goût à cet exercice et ne tarda pas à faire honneur aux leçons de son camarade Octave.

Un jour que les deux amis, après s'être livrés à leur passe-temps favori, reprenaient le chemin du logis : « Aimez-vous la toupie? demanda Octave à Jean-Paul. Pourquoi? répliqua Jean-Paul; prétendez-vous me proposer une partie de toupie, — à mon âge, — ajouta-t-il d'un ton scandalisé, y songez-vous?

— C'est bien d'une partie de toupie qu'il s'agit, mais d'une partie de toupie comme vous n'en avez jamais vu. Au reste je ne vous demande pas de vous y associer, mais seulement d'y assister. Rassurez-vous, Jean-Paul, votre dignité ne sera pas compromise! »

Octave conduisit Jean-Paul près d'un bassin glacé dont quelques joueurs de *cúrling* avaient fait leur lieu d'élection.

Sur la glace, unie comme un miroir, deux hommes revêtus du costume national écossais, jupon court et flottant, béret enrubanné, poursuivaient bravement à coups de balai une sorte de boîte ronde qui tournait sur elle-même à la façon d'une énorme toupie ou d'un de ces sabots que les enfants chassent devant eux à coups de fouet.

Le sérieux imperturbable avec lequel ces joueurs maniaient le balai, comme s'ils eussent été dans l'exercice d'une fonction importante, faisait avec la nature même de l'instrument et le comique de l'opération le plus piquant et le plus amusant contraste.

« C'est le jeu national de nos compatriotes les Écossais-Canadiens, dit Octave à Jean-Paul, qui s'abandonnait à un accès d'hilarité. Les jeunes gens que vous avez sous les yeux sont des gens fort graves d'allures et de profession.

Les glissades en traîneaux (toboggans).

Ils prennent un grand plaisir à ce délassement risible. Vous voyez, ajouta malicieusement Octave, que des gens respectables et d'âge mûr ne craignent pas de compromettre leur dignité en jouant publiquement à la toupie.

— Il est vrai, répliqua Jean-Paul, mais si les Français avaient inventé le *curling*, les Anglais n'auraient pas assez de railleries à notre adresse. Il est vrai que nous le leur rendons bien en la circonstance », ajouta-t-il en éclatant de rire.

A quelques jours de là, par une claire soirée au froid vif et sec, Octave proposa à Jean-Paul une glissade en *toboggan*.

Le *toboggan* est un véhicule de forme bizarre, étroit et allongé, large de cinquante centimètres environ sur deux ou trois mètres de longueur. Il est fait d'une seule planche de frêne, recourbée à son extrémité antérieure. Les plus grands *toboggans* peuvent recevoir jusqu'à six personnes, accroupies plutôt qu'assises. Les glissades en *toboggan* sont les montagnes russes de Montréal.

Du haut du Mont-Royal qui a donné son nom à la ville, par les beaux soirs d'hiver, quand l'air est bien sec, que la neige crépite sous les pas des marcheurs, les *toboggans* glissent avec une rapidité vertigineuse le long de sentiers glacés, entre deux rangées de torches qui ensanglantent la neige de leurs lueurs rouges et vacillantes. La fantasmagorie de l'espace traversé comme à vol d'oiseau, la sensation du vide qui vous coupe la respiration, font d'une glissade en *toboggan* une expérience inoubliable, procurant une émotion unique, mélange de délice et de crainte.

Un jour, raconta à ce propos Octave à Jean-Paul, une jeune dame canadienne interrogeait sur ses impressions de voyage un Anglais qui venait de goûter pour la première fois les douceurs du *toboggan*.

« N'est-ce pas charmant, exquis? lui demandait-elle.

— Charmant, exquis, et je ne voudrais pas, pour cinq cents dollars, ignorer les délices du *toboggan*.

— Eh bien, venez, nous recommencerons.

— Pour mille dollars, je ne recommencerais pas!

« Recommençons », s'écria Jean-Paul dès sa première glissade, et les deux amis recommencèrent bien des fois.

Mais, de tous les plaisirs si variés de l'hiver canadien, ce fut M. de Mauriac qui mit Jean-Paul à même de goûter le plus original et le plus enivrant, une course en *yacht à glace.*

Le yacht à glace ou traîneau à voile, emprunté par les Canadiens à leurs voisins des États-Unis, est par la forme, l'allure, le gréement, un bateau plutôt qu'un traîneau. Il a d'un yacht de course les lignes générales, les formes évasées, la quille, le gouvernail. Un mât immense, une énorme surface de voilure, avec brigantine et foc, achèvent de lui donner un aspect tout à fait marin.

Quand le vent gonfle ses voiles, le yacht à glace dépasse à la course les trains de chemin de fer les plus rapides. Il peut parcourir jusqu'à un kilomètre et demi à la minute. Il navigue, se gouverne, vire de bord sur la glace comme un bateau sur l'eau. Un immense balancier assure son équilibre et l'empêche de chavirer dans l'oscillation soudaine imprimée par une saute de vent ou une manœuvre trop brusque du gouvernail.

L'effrayante rapidité de la course, l'air à travers lequel on vole pour ainsi dire sans toucher terre, avec une légèreté et une douceur d'allure incomparables, donnent au passager du yacht à glace une sensation enivrante, la griserie de l'espace conquis et de la vitesse indéfinie. Mais la manœuvre du yacht réclame une main expérimentée : un faux mouvement, une déviation de la barre, un choc contre une aspérité inaperçue de la plaine de glace, et le yacht, brusquement arrêté dans sa course, sous la formidable pression de la vitesse acquise, se brise comme verre en mille morceaux.

Jean-Paul n'était pas marin pour s'effrayer de la manœuvre, même d'un yacht à glace. Il accompagna joyeusement M. de Mauriac à bord de son yacht une après-midi où soufflait une bonne brise.

C'est avec une émotion profonde que Jean-Paul revit les quais du Saint-Laurent où le yacht était amarré. Il ne put s'empêcher de

Appareil pour le coupage de la glace.

frissonner en revoyant le théâtre de l'accident où son ami et lui avaient failli périr victimes de leur dévouement.

Aujourd'hui il n'y avait plus à redouter que la glace vînt à céder. Sur les bords du fleuve, des machines, spécialement construites pour cet office, sciaient, découpaient la glace en blocs réguliers de près d'un mètre d'épaisseur. Chargés sur des traîneaux, ces blocs allaient remplir les glacières pour rafraîchir les buveurs pendant les chaleurs de l'été suivant.

Tandis que Jean-Paul contemplait cette singulière opération, la récolte de la glace, le sifflet d'une locomotive retentit à peu de distance et il vit avec surprise un train pesamment chargé qui s'engageait sur la glace. Telle est, en effet, l'épaisseur de la glace à Montréal au fort de l'hiver que la compagnie de chemins de fer trouve avantage à doubler le service de la voie ferrée qui traverse le fleuve sur le pont Victoria en installant sur le lit glacé des rails sur lesquels circulent des trains entiers. Quel spectacle plus saisissant que celui de la locomotive, du *cheval de feu*, courant sur la glace!

Ces saines distractions, la vie au grand air si en honneur parmi la jeunesse canadienne, ces « bains d'air » toniques et fortifiants dont avait parlé M. de Mauriac, achevèrent de rétablir nos deux amis. Jamais vacances ne furent mieux employées et ne s'écoulèrent plus vite.

Dès les premiers jours de février, la ville fut toute à l'animation du carnaval.

Le carnaval de Montréal est pour la société américaine, la société des deux Amériques, de l'Amérique française et de l'Amérique anglaise, ce qu'est en Europe le carnaval de Nice pour la société cosmopolite qui se donne rendez-vous dans nos stations d'hiver des bords de la Méditerranée.

Comme celui de Nice, le carnaval de Montréal a une couleur toute locale. Bienheureux « pays où fleurit l'oranger », Nice a son soleil, ses flots bleus, ses senteurs embaumées et sa gracieuse « bataille des fleurs ». Montréal a son palais de glace.

Le Saint-Laurent fournit à bon compte, le principal élément de cette « attraction » d'un genre inédit. Sur une éminence qui fera res-

Le palais de glace, à Montréal.

sortir les belles proportions et la savante architecture du palais de glace, d'habiles ouvriers disposent les blocs extraits du fleuve par la machine à découper la glace. Pour les maçonner, en guise de mortier, ils les arrosent simplement d'eau. L'eau en se congelant cimente les cubes.

En quelques jours les formes du palais se dessinent : tours et créneaux, clochers et clochetons profilent hardiment sur le ciel bleu la teinte mate de leurs sommets, de leurs flèches neigeuses, tandis que la façade principale et les murailles du palais ont d'éblouissants reflets argentés.

Quand le moment solennel, celui de l'inauguration du palais, approche, toute la ville est sur pied dans l'attente du grand jour. Le carnaval de Montréal dure six jours. De tous les coins du Canada et des États-Unis, les gens de loisirs en quête de distractions, les oisifs élégants accourent pour assister aux fêtes sans rivales que Montréal offre à ses habitants et à ses visiteurs dans l'intérieur du palais de glace.

Cette année, l'inauguration du palais, qui coïncide avec celle du carnaval, était annoncée pour le 4 février. Au jour dit, le gouverneur général du Canada, le marquis de Lorne, et sa femme, la princesse Louise, fille de la reine d'Angleterre, arrivèrent pour rehausser par leur présence l'éclat des fêtes.

Ces hôtes princiers furent reçus en grande pompe. Escortés par une garde d'honneur, ils passèrent avec leurs voitures sous une sorte d'arc de triomphe vivant : des raquetteurs revêtus de leurs pittoresques costumes et se tenant les uns aux autres, formaient comme une guirlande animée, une arche mobile sous laquelle défila le cortège.

Dans les rues, un immense concours de population; point de ces mascarades, triste dérision du carnaval, mais partout des rires joyeux, une gaieté de bon aloi.

Dès le crépuscule, la ville s'illumina. Sur les flancs du Mont-Royal dansèrent, comme des milliers de feux follets, les torches des raquetteurs glissant sur la neige et ébauchant dans le lointain des silhouettes fantastiques. Les fusées des feux d'artifice tracèrent dans la nuit leurs sillons de feu, faisant pâlir les étoiles du ciel par leurs bouquets d'étoiles filantes.

Soudain, le palais de glace s'éclaire *a giorno*. Ses puissants foyers électriques rayonnent sur la ville comme un phare gigantesque. A l'intérieur les parois de glace étincellent de mille feux. La nappe blanche de lumière électrique se joue sur ces murailles polies qui multiplient à l'infini ses rayons en les brisant, comme feraient les facettes d'un merveilleux cristal.

Puis la musique éclate et, à ses joyeux accords, la valse tourbillonne. Place au haut et tout-puissant seigneur Carnaval! Dans ce cadre de féerie, au milieu de ce décor éblouissant, il est ici chez lui.

CHAPITRE XIII

En route pour le grand Ouest. — L'Ottawa. — La terre promise des bûcherons. — Les trains de bois. — Les *glissoires*. — La *fête des arbres*.

Un matin le capitaine Hendricksen entra dans le bureau de M. de Mauriac et, après avoir conféré avec lui, il appela Jean-Paul :

« Mes armateurs, lui dit-il, en lui montrant une lettre qu'il tenait à la main, me chargent, en attendant la débâcle qui rendra la liberté à notre *Maëlstrom*, d'aller traiter sur place, en leur nom, dans la vallée de l'Ottawa et dans la Colombie, d'importants achats de bois qu'on leur propose à des conditions avantageuses. Les réparations du *Maëlstrom* sont terminées, rien ne vous retient plus ici. Voulez-vous m'accompagner? C'est un voyage de cinq ou six semaines que nous ferons confortablement

Vue panoramique de la rivière Ottawa, prise de Barrack Hill.

en chemin de fer et qui nous conduira jusqu'aux rives du Pacifique. Vous me servirez de secrétaire et à l'occasion d'interprète, car le français des Canadiens de l'intérieur est tellement du cru, comme celui de vos paysans français, qu'il déroute ceux qui, comme moi, ne sont pas du terroir. Bref, je compte sur vous pour me piloter et je vous emmène. Est-ce entendu? »

Jean-Paul accepta de grand cœur la proposition de l'excellent capitaine. Des horizons nouveaux s'ouvraient à sa curiosité. Et puis l'affaire n'était pas bonne pour lui seulement, la vieille mère et les petits y trouveraient leur compte, puisque, défrayé par le capitaine Hendricksen, il allait, pendant un mois encore, mettre de côté son traitement et l'envoyer intact à Trescoff.

Cependant, quand le surlendemain il prit congé de M. de Mauriac et de son fils, Jean-Paul ne put se défendre d'une émotion profonde. Sans doute, il ne disait pas adieu à ses amis, il les reverrait dans quelques semaines, mais cette première séparation, si courte qu'elle dût être, ne présageait-elle pas les tristesses du départ, le jour où le *Maëlstrom*, ouvrant ses ailes, l'emporterait loin de ces amis admirables qui l'avaient traité comme un enfant d'adoption et près desquels il eût voulu passer sa vie, ne fût-ce que pour les aimer et se dévouer à eux?

Quelques minutes après, le train emportait Jean-Paul et le capitaine Hendricksen vers les rives de l'Ottawa.

L'Ottawa, le plus puissant affluent du Saint-Laurent, roule, interrompu çà et là par des rapides, entre des forêts séculaires, ses eaux brunes qui se déversent dans le Saint-Laurent sans se marier avec lui. Même après leur confluent, ce sont deux fleuves en un seul lit et jusqu'à l'endroit où la marée se fait sentir et dans son va-et-vient mélange leurs flots, l'Ottawa coule côte à côte avec le Saint-Laurent et l'œil distingue nettement à leur coloration foncée les eaux de l'Ottawa des flots bleus du Saint-Laurent, fils des lacs et des neiges.

Les rives de l'Ottawa sont vertes et boisées jusqu'au bord de l'eau. L'Ottawa est, pour

Les troncs d'arbres sont transportés sur des traineaux jusqu'au prochain cours d'eau.

ainsi dire, une immense avenue, une gigantesque percée ouverte à travers une forêt de plusieurs milliers de kilomètres carrés et d'un seul tenant. Sa vallée est la terre de promission des bûcherons.

« L'hiver venu, expliqua le capitaine à Jean-Paul au moment où, quittant le train, ils montaient en traîneau pour se rendre à l'une des plus importantes exploitations forestières des rives de l'Ottawa, où ils étaient attendus, l'hiver venu, les *voyageurs*, comme on appelle ici les bûcherons, se mettent en route. Leur départ ressemble à la migration d'un peuple, car ces vigoureux compagnons forment une armée de vingt-cinq ou trente mille travailleurs. Arrivés à destination, ils se partagent la forêt, s'y dispersent par groupes de quarante ou cinquante. Chaque groupe se construit une de ces vastes huttes en troncs grossièrement équarris que vous apercevez dans les clairières. Arrêtons-nous un instant et entrons dans une de ces huttes. »

Au centre de cette maison forestière, une vaste pièce, la cuisine, servait de salle à manger aux habitants et de calorifère à l'habitation. Réunis le soir dans ce logis primitif, les voyageurs se séparent de grand matin. Chacun a sa place marquée et, dans la forêt, son poste assigné, sa besogne tracée d'avance. La division du travail rend le labeur plus actif et moins pénible. Les uns sont coupeurs, d'autres scieurs, d'autres équarisseurs ou charretiers.

Les bûcherons font choix des plus beaux arbres, qu'ils abattent après les avoir dépouillés de leurs branches. On charge ces troncs sur des traîneaux qui dévalent rapidement les pentes glacées de la forêt jusqu'au prochain cours d'eau sur les bords duquel ils s'entassent en attendant le dégel, ou bien l'on dispose des *glissières*, sortes de conduites de bois tantôt accrochées au roc, tantôt suspendues en l'air sur un solide échafaudage, mais toujours également inclinées. Aux premiers froids, on y verse de l'eau qui, en se congelant, forme dans la glissière un chemin parfaitement lisse et uni sur lequel glissent, jusqu'au bas de la montagne, les troncs abattus par le bûcheron.

Jean-Paul fut frappé de l'air de santé et de

Train de bois remorqué par un vapeur.

belle humeur répandu sur le visage hâlé des bûcherons.

« C'est que, reprit le capitaine, ces jours de labeur dans la forêt sont jours de fête pour ces vaillants travailleurs. Ils y gagnent appétit et y retrempent leur vigueur. Mais, le printemps venu, commence la partie ingrate de leur tâche. De bûcherons ils se font flotteurs. Ils forment d'abord, avec les troncs abattus, des *cribs* , radeaux de bois de sept à huit mètres de longueur. Une centaine de ces radeaux, solidement attachés ensemble, forment une *cage*, c'est-à-dire un train de bois qui contient jusqu'à 3 000 stères. Ces énormes trains de bois sont dirigés en suivant le fil de l'eau vers Montréal et Québec. C'est un voyage qui dure de longues semaines et les flotteurs n'ont sur l'immense radeau que l'abri précaire d'une hutte grossière en guise de cabine. Pour diriger ces *cages* peu maniables il faut une vigueur, une habileté peu communes et un sang-froid de tous les instants. Le voyage s'interrompt aux rapides que le train ne pourrait franchir sans se disloquer et s'abîmer sur les rochers.

— Mais alors, demanda Jean-Paul, comment les flotteurs s'y prennent-ils pour conduire à destination les trains de bois?

— Pour éviter les rapides, on a construit sur les rives de l'Ottawa des *glissoires*, canaux inclinés, rapides artificiels, mais sans écueils, dont le lit et les bords sont comme matelassés de madriers, de manière à diriger les *cribs* tout en modérant leur allure. Quand un train de bois arrive à l'un de ces canaux, on détache les *cribs* qui composent la *cage* et les *cribs*, ainsi contenus et dirigés, franchissent le canal l'un après l'autre. A l'issue de la *glissoire*, ils sont réunis de nouveau et le train de bois reprend son voyage interrompu. On ne compte pas moins de treize glissoires semblables sur l'Ottawa. »

Quand les bois sont destinés aux scieries voisines des exploitations forestières, après avoir gravé dans l'écorce des troncs les initiales du propriétaire, on les jette à l'eau et le courant les porte de lui-même à la scierie. Là, les flotteurs arrêtent au passage, avec une adresse et une agilité surprenantes, les grosses

Les flotteurs arrêtent au passage les grosses pièces de bois.

pièces de bois et les font, du bout de leur gaffe, tourner sur elles-mêmes pour reconnaître la marque. Après quoi, montant sur l'énorme tronc comme sur une barque, ils le

Les puits de pétrole aux États-Unis.

dirigent à toute vitesse, d'un coup de perche habilement détaché, sur la berge où il s'échoue.

« A ce train-là, s'écria Jean-Paul en regardant les montagnes de bois qui se dressaient devant lui, les forêts du Canada ne dureront pas longtemps.

— Rassurez-vous, lui dit un des contremaîtres qui l'avait entendu, nos forêts sont immenses. Leur exploitation n'est pas soumise, comme celle des forêts d'Europe, à de sévères règlements, mais c'est nous-mêmes qui veillons à la conservation de cette admirable source de richesses. Nous abattons d'une main, mais nous reboisons de l'autre au fur et à mesure. Chaque année nous célébrons la *fête des arbres* : ce jour-là, chacun plante sur l'étendue de terrain susceptible d'être boisée qu'il possède le plus d'arbres qu'il peut.

« Les richesses forestières de l'Amérique du Nord ne sont donc pas plus menacées que l'exploitation du pétrole, si importante aujourd'hui aux États-Unis. On a calculé que les ressources de l'Amérique du Nord en huile minérale et en forêts, qui sont aujourd'hui en pleine exploitation, pourront fournir à elles seules à la consommation pendant près d'un siècle. »

Entre temps, Jean-Paul eut le loisir d'admirer la beauté sévère des rives de l'Ottawa dans leur costume d'hiver. Partout la forêt, la forêt immense, jamais éclaircie, à peine interrompue çà et là par quelques villages nés d'hier,

Le palais du Parlement, à Ottawa.

11.

aux toits sans chaume, demeures provisoires de l'*habitant* qui campe sur le sol en attendant qu'il le défriche. De loin en loin, les scieries qui s'annonçaient par le bruit de leurs machines, le grincement de leurs dents d'acier, formaient comme une déchirure dans le rideau d'arbres.

Les plus importantes de ces scieries sont établies à quelque distance d'Ottawa, près des chutes des Chaudières, où la rivière tombe d'une hauteur de vingt mètres dans un cirque de rochers. En cet endroit, son débit est de 3 500 mètres cubes par seconde aux hautes eaux : c'est le débit du Rhin en temps de crue près de Strasbourg. Cette énorme puissance naturelle est utilisée par les scieries établies le long des chutes.

Le capitaine Hendricksen régla avec le propriétaire de la principale scierie de Thurso les conditions d'achat d'une cargaison de bois. Une excursion à Ottawa, la jeune capitale plus anglaise que française du *Dominion*, où le capitaine fit visiter à Jean-Paul le magnifique palais du Parlement qui domine les rives de la rivière, termina cette première partie du voyage.

CHAPITRE XIV

Le chemin de fer *Canadien-Pacifique*. — La *prairie*. — Une ville improvisée, Winnipeg. — Un Français d'Amérique. — Trappeurs et fourrures. — La chasse au bison. — 1 600 peaux d'ours.

Dès le surlendemain du jour où ils avaient quitté Montréal, le capitaine Hendricksen et Jean-Paul, emportés par le train-poste de nuit, filaient à toute vitesse vers l'Ouest.

Rien de plus confortable pour un long voyage que les wagons canadiens, les *chars*, comme les appellent les gens de Québec, wagons immenses, construits sur le modèle des wagons américains, reliés entre eux par une plate-forme qui permet de circuler d'un bout à l'autre du train. Restaurant, fumoir, salon, lits où l'on dort bercé par la trépidation du train, tout a été prévu dans ces hôtels ambulants pour la commodité du voyageur.

« Sommes-nous vraiment en route pour l'Ouest, ce grand Ouest dont j'ai entendu parler à Montréal comme de la terre promise? demanda Jean-Paul au capitaine Hendricksen en s'éveillant le lendemain matin.

— Vous pourrez bientôt en croire vos yeux, ami Jean-Paul, car nous serons après-demain soir à Winnipeg, au cœur de l'Ouest, à 2000 kil. de Montréal! Combien de temps mettrions-nous à franchir une telle étape avec les vieilles jambes de notre *Maëlstrom*? Mais, ici, nous nous apercevrons à peine de la durée du trajet. Et pourtant, savez-vous qu'il y a trois ans à peine le voyage d'un Océan à l'autre demandait des mois et des dangers, des fatigues sans nombre?

— J'apprécie mieux maintenant combien les Canadiens ont sujet de s'enorgueillir du chemin de fer Canadien-Pacifique si hardiment jeté à travers le continent, et de quel prix est pour eux ce ruban de fer qui lie l'une à l'autre les provinces éparses de leur immense territoire.

— Jugez plutôt : de l'Atlantique au Pacifique, d'une rive à l'autre du *Dominion*, savez-vous la distance? Tout juste la même qui sépare les deux bords de l'Atlantique entre le Havre et New-York. La largeur de l'Atlantique entre ces deux villes, voilà la mesure du *Dominion*. N'est-elle pas pour confondre l'esprit, l'étendue de cette France d'Amérique qui comblerait l'Océan entre l'Ancien et le Nouveau Monde? »

Quelques heures plus tard, nos voyageurs entrevoyaient l'immense nappe d'eau douce du lac Supérieur, grand comme dix de nos départements français, dont le chemin de fer Canadien-Pacifique longe les côtes âpres et profondément indentées. Çà et là des forêts d'érables rabougris projetaient leurs maigres rameaux presque horizontalement dans le sable du rivage, des pins isolés étalaient le triste panache de leurs longues aiguilles glacées; perchés sur d'énormes rochers écroulés, ils ressemblaient à des sentinelles veillant sur les ruines d'une ville ravagée.

Vingt heures de chemin de fer conduisirent nos amis du lac Supérieur à Winnipeg. Le chemin de fer est le seul sillon qu'ait tracé la civilisation dans cette région où la nature n'a pas

Un chasse-neige à vapeur déblayant la voie du *Pacifique-Canadien*.

perdu sa livrée primitive. C'est un pays sauvage de forêts, de prairies, de petits lacs charmants réunis les uns aux autres par des *portages*, alternant avec des gorges encaissées où les ruisseaux se font torrents et coulent en cascades.

Les gares ont devancé les villes et en indiquent l'emplacement futur. Elles s'annoncent au loin dans la plaine par les ailes de moulin à vent de la pompe qui aspire l'eau et l'envoie dans la grande cuve où s'abreuve au passage la locomotive altérée.

Non loin de Winnipeg, le train entra dans la *prairie*. Plaine immense recouverte en hiver d'une épaisse couche de neige à travers laquelle le chasse-neige à vapeur fraye un chemin à la locomotive, la prairie est, pendant l'été, un océan de hautes herbes où courent de minuscules cours d'eau, sur les bords desquels s'ébattent les animaux de la prairie, où la poule de prairie traite de pair à compagnon le pluvier et le canard sauvage.

Le 22 février, le train entrait dans la gare de Winnipeg. Là où s'élève la capitale du Manitoba, il n'y avait, il y a une quinzaine d'années, que quelques pauvres maisons de bois groupées au confluent de l'Assiniboine et de la rivière Rouge, autour du « fort Garry », l'ancien comptoir de la Compagnie de la baie d'Hudson.

Quand la fertilité de la vallée de la rivière Rouge fut révélée, quand on sut que cette plaine où règne en hiver un froid polaire produisait le meilleur blé du monde, les émigrants accoururent en foule à ce grenier d'abondance. Winnipeg est aujourd'hui une grande ville de 40,000 habitants, l'entrepôt du Nord-Ouest. De belles maisons de briques jaunes ont remplacé les pauvres huttes de bois des premiers colons.

Dans les rues le capitaine Hendricksen et Jean-Paul croisèrent des représentants de toutes les nations de l'Europe qui semblent s'être donné rendez-vous sur cette terre hospitalière. Les maîtres du moment, Anglais et Écossais, que les Français font ici même reculer devant eux, y coudoient l'ancien maître du sol, l'Indien, grave, solennel dans sa maigreur décharnée et qui semble jeter un regard de dédain sur cette civilisation à laquelle il préfère de beaucoup sa

L'Indien préfère sa tente bariolée.

vie nomade sous des tentes bariolées et peintes de figures bizarres

Mais — symptôme rassurant pour l'avenir du Manitoba — parmi cette population hétérogène qui se presse affairée dans les rues, d'innombrables petits Français couraient çà et là, bruyants et batailleurs, sortis on ne sait d'où, et remplissant l'air de cris aigus, inspiraient la terreur du nom français à leurs camarades des autres races en leur distribuant force horions.

Pendant que Jean-Paul s'amusait de ce spectacle, un personnage bizarre au teint foncé, aux cheveux luisants, vêtu d'un costume pittoresque, jaquette en peau de daim, écharpe de couleur sanglant la taille, l'observait curieusement. C'était un de ces métis français, les seuls habitants du pays, avec les Indiens, nés sur le sol.

Ayant saisi au vol quelques mots de la conversation qu'échangeaient nos deux amis, le métis s'approcha de Jean-Paul et lui dit : « Ah! monsieur, je vois *ben* que vous êtes un Français de la vieille France. Dans ce pays-*cit* nous sommes de *pauv'* Français, mais dites-leur là-bas que nous sommes de *ben* bons Français tout de même. »

Jean-Paul fut profondément touché de ce témoignage naïf et spontané du fidèle attachement que gardent à leur mère inconnue ces enfants perdus de la France. Il entra en propos avec le métis. Le brave homme s'offrit à conduire Jean-Paul et le capitaine Hendricksen au vieux fort Garry, la curiosité de Winnipeg, l'unique relique d'un temps qui n'est plus.

Tout en cheminant, il raconta à Jean-Paul les vicissitudes du Manitoba, heureux pays qui date d'hier et qui à vrai dire n'a guère d'histoire. La Compagnie de la baie d'Hudson qui possédait et exploitait comme territoire de chasse toute la région comprise entre les grands lacs, la baie d'Hudson et la mer Glaciale, vendit ses droits au gouvernement canadien il y a une vingtaine d'années. Des aventuriers s'abattirent sur la province annexée et ils allaient s'emparer des terres qui avaient été jusque-là la propriété des métis français, lorsque ceux-ci se soulevèrent pour défendre leurs droits, sous le commandement de l'un d'eux, Louis Riel, et constituèrent

Un fort de la Compagnie de la baie d'Hudson.

le *Comité national des métis de la rivière Rouge*. Les armes à la main, ils exigèrent et obtinrent que la province de Manitoba ne fût pas traitée en pays conquis, mais qu'elle entrât comme l'égale des autres provinces, ses aînées, dans la Confédération canadienne.

« Tout cela n'empèche pas, dit le métis à Jean-Paul, que nous *aut'* nous regrettons *ben* souvent le bon temps d'autrefois, celui où flottait sur le vieux fort Garry que vous voyez là, tout au haut de la rivière, le drapeau bleu de la Compagnie de la baie d'Hudson. »

On était arrivé au fort Garry qui domine de ses murs gris la rapide et jaune Assiniboine. C'est un quadrilatère percé d'une porte basse et flanqué de tourelles qui penchent et s'affaissent comme cassées par le poids des ans.

« Entrez, dit le métis à Jean-Paul et au capitaine. J'ai des accointances dans la place et je vous en ferai les honneurs. Voyez, ajouta-t-il après avoir pénétré dans le fort, en leur faisant remarquer dans un coin de hangar trois planches bizarrement assemblées entre elles : voici une trappe. Vous savez sans doute que les trappeurs tirent leur nom du piège qu'ils emploient de temps immémorial pour s'emparer des précieux animaux qui foisonnent dans nos pays. La trappe que vous avez sous les yeux consiste en une planche dont un bout est enfoncé dans la neige, tandis que l'autre extrémité se relève et est soutenue par trois morceaux de bois disposés à peu près comme les trois jambages du chiffre 4. L'appât est fixé à l'un de ces jambages. Pour le saisir, l'animal affamé pénètre sous la planche inclinée, celle-ci tombe et l'écrase.

— La traite est-elle encore organisée dans les territoires du Nord-Ouest? demanda Jean-Paul.

— Oui, et la Compagnie de la baie d'Hudson, qui a conservé le droit de chasse, y entretient des centaines de trappeurs qui, aidés des Indiens, rabattent et dépouillent les animaux à fourrures, castors, renards, martres, visons, loutres, hermines, carcajous, rats musqués, eiders et bien d'autres encore. Des comptoirs appelés forts, construits en bois sur le modèle de celui-ci, couverts d'écorce et enclos de palissades avec une tourelle carrée à chaque angle renferment, avec les bâtiments d'habitation de

Trappeur dépouillant un ours.

l'*officier traiteur* et de ses employés, les hangars et les magasins où les fourrures sont déposées. En hiver, les derniers coureurs des bois, continuant la tradition des anciens trappeurs, se servent de raquettes pour suivre à la piste à travers les immenses solitudes glacées du Nord-Ouest les animaux que leur fourrure fait rechercher.

— Et l'été, demanda Jean-Paul, à quoi s'occupent-ils?

— En été, ils chassent le bison qu'une extermination sans trêve rend de plus en plus rare dans nos régions. Ils battent le pays en poussant devant eux jusque près d'une rivière les troupeaux de bisons, puis ils mettent le feu à l'herbe sèche des prairies et abattent les bisons au moment où ces animaux affolés essayent de franchir la barrière de feu et d'eau qui les enserre.

— Mais pourquoi ces hécatombes? reprit Jean-Paul. La peau du bison n'est pas de celles que nos élégantes recherchent pour faire valoir leurs grâces....

— Non, mais c'est ce bison si maltraité qui

fournit à l'Indien et au trappeur à la fois la subsistance, le vêtement et l'abri....

— C'est complet, dit Jean-Paul, en riant, bon souper, bon gîte et le reste. Et comment cela?

— De sa peau les coureurs des bois se font des habits excellents, chauds, imperméables et indéchirables. Étendue, elle sert de tente à l'Indien vagabond. Découpée en lanières, elle remplace les clous et les cordes, objets de luxe dans les solitudes du Nord. Je ne vous apprendrai pas que la bosse du bison, cuite à l'étuvée dans un trou creusé en terre et recouvert d'un brasier, est un régal pour les délicats. Mais le *pemmican*, c'est-à-dire la viande de bison bouillie et desséchée, c'est le pain du trappeur : sans pemmican il serait exposé à mourir de faim. Aussi les Indiens ont-ils trouvé une explication inattendue de l'arrivée des Européens en Amérique : « Les Visages Pâles, disent-ils, sont « venus chez nous, parce qu'ils n'ont pas de « bisons chez eux. »

— Mais, demanda Jean-Paul, que deviennent les précieuses fourrures acquises au prix de tant de souffrances?

— « Peau pour peau », telle est la devise de la Compagnie de la baie d'Hudson. Souvent cette devise prend une signication terrible. A courir après la peau des bêtes la plupart des trappeurs finissent par y laisser la leur. En attendant, chaque année ils apportent au fort de leur voisinage — et les forts sont à d'immenses distances les uns des autres, aussi éloignés entre eux que les deux bouts de la France — le produit de leur chasse. On les paye non en argent, mais en *peluches*. La peluche, c'est la peau de castor considérée comme unité monétaire. La valeur en varie selon le cours, mais elle est généralement d'à peu près 2 fr. 50.

— Je serais curieux de savoir, dit Jean-Paul, quel est le nombre des fourrures expédiées chaque année du Nord-Ouest en Europe.

— Le total ne signifierait pas grand'chose, puisque les diverses fourrures sont de valeur fort inégale. Mais j'ai entendu dire que la Compagnie de la baie d'Hudson a mis en vente l'année dernière à Londres, entre une infinité d'autres pelleteries, 2 500 000 fourrures de rats musqués, 700 000 de putois, 100 000 de renards, autant de martres et de castors et — chiffre effrayant — 16 000 peaux d'ours.

— 16 000 peaux d'ours! s'écria Jean-Paul; certes ce n'est pas à vos trappeurs qu'on peut reprocher de vendre la peau de l'ours avant de l'avoir tué!

— Pendant l'hiver, reprit le métis, ces fourrures s'entassent dans les magasins des forts. L'été venu, chaque année dès les premiers jours de juin, des bateaux chargés de fourrures partent des forts. Pendant deux mois ces bateaux naviguent à la touée, à la voile ou à la rame sur les rivières qui coulent à travers des solitudes à peine explorées jusqu'ici. Arrivée au terme de son voyage, c'est-à-dire à mi-chemin entre les forts et nos régions, la flottille chargée de fourrures trouve des barques venues du sud à sa rencontre avec les marchandises et les provisions, vivres, vêtements, munitions, nécessaires au ravitaillement des forts et des trappeurs. L'échange des cargaisons se fait et la flottille reprend le chemin des forts.

— Combien peu, s'écria Jean-Paul, les frileuses élégantes de nos villes qui se disputent à

Portage d'un bateau

prix d'or les chaudes fourrures dont elles s'enveloppent coquettement, soupçonnent ce qu'il a coûté d'efforts et de privations à de pauvres êtres humains pour leur procurer cette parure dont leur luxe s'enorgueillit! Quelle triste vie doivent mener les malheureux exilés dans cette solitude glacée!

— Détrompez-vous, reprit le métis; ils n'échangeraient pas leur vie saine et active contre celle des ouvriers des villes. D'ailleurs sans parler de l'imprévu qui en rompt l'uniformité et du bonheur de ne dépendre que de soi, elle comporte des dédommagements qui ne sont pas à dédaigner. Dans le temps où j'étais trappeur, les facteurs en chef qui gèrent les forts recevaient en certaines années jusqu'à 15 000 francs pour leur part dans les bénéfices de la Compagnie. »

Le brave métis tint à honneur de raccompagner Jean-Paul et le capitaine Hendricksen jusqu'à leur hôtel. Au moment où, après l'avoir remercié de son obligeance, ils allaient se séparer de leur guide, Jean-Paul tirant son couteau de sa poche le lui offrit : « Tenez, dit-il, acceptez ceci en souvenir de notre rencontre. C'est mon couteau de marin. Il n'est ni beau ni bien neuf, mais il vient de France.

— Je le garderai précieusement puisqu'il vient du pays », s'écria le métis en pressant de ses doigts calleux la main de Jean-Paul. Puis il serra dans sa poche le couteau devenu pour ce brave cœur comme une relique de la France.

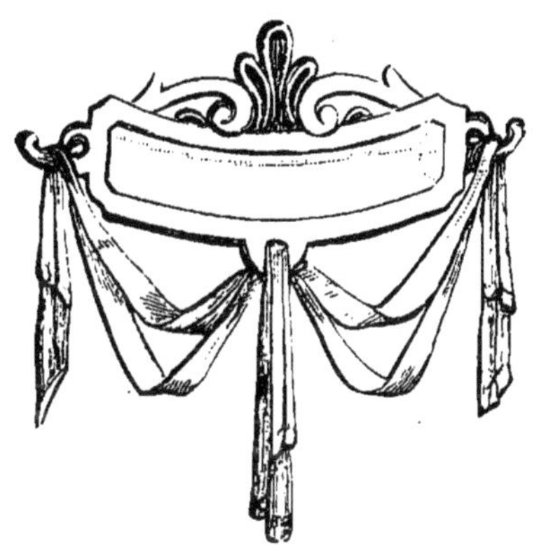

CHAPITRE XV

Destination inconnue. — Une ferme du grand Ouest. — Un gentilhomme-fermier. — Les *squatters*. — La récolte du sucre d'érable. — Orignal et carcajou. — Une chasse émouvante. — Dénouement imprévu.

« En route pour notre deuxième étape! s'écria joyeusement le lendemain le capitaine Hendricksen en montant dans le train. Devinez, Jean-Paul, où elle nous conduira!

— Ma foi, répliqua Jean-Paul, je me suis engagé à vous suivre, je vous suivrai aveuglément jusqu'au bout du monde.

— C'est bien au bout du monde que je vous mènerai, mais le monde a plus d'un bout.... »

Et refusant de satisfaire la curiosité de Jean-Paul après l'avoir piquée, le capitaine Hendricksen tourna la tête vers la fenêtre du wagon, comme absorbé dans la contemplation du paysage polaire qui se déroulait sous ses yeux. La neige, toujours la neige, la neige à perte de vue! Pas la moindre haie, le moindre accident de terrain. La plaine s'étendait jusqu'aux confins de l'horizon, tout unie, d'une blancheur aveuglante sous les rayons du soleil.

Sous ce manteau protecteur qui atteignait jusqu'à un mètre d'épaisseur, la terre dormait d'un bon sommeil qui réparait ses forces.

Dans la rase campagne, c'était le désert; aux stations, comme par enchantement, la vie renaissait. Ce n'était que mouvement et bruit. Des trains entiers chargés de sacs de blé ou de machines agricoles arrivaient et passaient. Partout, même sous la bise glacée dont un beau soleil d'hiver corrigeait les piquantes morsures, cet air de prospérité, d'activité laborieuse et affairée qui n'appartient qu'aux pays neufs à croissance rapide.

A Galgary, à 1 300 kilomètres de Winnipeg, nos voyageurs changèrent de train et prirent l'embranchement d'Edmonton, qui remonte directement vers le nord, au grand étonnement de Jean-Paul qui se croyait en route pour le Pacifique.

Le capitaine Hendricksen gardant le silence, Jean-Paul s'abstint de l'interroger sur le but de ce voyage en zigzag, dont on lui faisait mystère.

A la gare d'Edmonton, le capitaine Hendricksen sortit du train, suivi de Jean-Paul. Les voyageurs étaient attendus. Un homme de haute stature et d'âge mûr, au visage franc et loyal, enveloppé dans une riche et épaisse pelisse, s'élança à la rencontre du capitaine Hendricksen, qui lui serra la main avec cordialité.

« Voici, mon cher fermier, lui dit le capitaine en lui présentant Jean-Paul, le jeune ami de la famille de Mauriac qui vous a été annoncé. Mais j'ai voulu lui réserver la surprise de notre excursion auprès de vous, arrêtée à son insu par M. de Mauriac avant notre départ de Montréal. Si Jean-Paul ne vous est pas inconnu, sa mine étonnée vous dit assez qu'il ne sait où il se trouve. Permettez-moi donc de décliner vos noms et qualité : Jean-Paul, M. Dubois, directeur de l'exploitation agricole fondée il y a cinq ans par M. de Mauriac à Saint-Jean d'Athabasca. »

Un rapide voyage en traîneau amena nos

voyageurs jusqu'au chef-lieu de l'exploitation. C'était un groupe considérable d'habitations avec leurs dépendances, granges, hangars, greniers immenses, écuries, étables, véritable ruche ouvrière peuplée comme une ville. La ferme de Saint-Jean, située près des bords du lac Sainte-Anne, à peu de distance de la rivière Athabasca, était une de ces gigantesques « fermes à blé », comme on n'en voit que dans les territoires de l'ouest du Canada et des États-Unis.

Le lendemain de l'arrivée du capitaine Hendricksen, M. Dubois lui offrit de lui faire visiter les bâtiments du siège de l'exploitation. Pendant la visite il donna au capitaine et à Jean-Paul d'intéressants renseignements sur l'organisation et le fonctionnement de cette immense exploitation agricole.

« La ferme de Saint-Jean, expliqua M. Dubois à ses hôtes, comprend quatre exploitations qui, réunies, recouvrent une superficie de 10 000 hectares, dont près de 3 000 sont exploités en blé. Chaque exploitation est partagée en subdivisions de 500 hectares chacune, à la tête desquelles est placé un surveillant en chef. Par

La ferme de Saint-Jean d'Athabasca.

une division du travail qui met chacun à sa place, chacune de ces exploitations se suffit à elle-même. Elle a son chef-lieu, avec la maison d'habitation du surveillant en chef, une maison commune pour les ouvriers, des écuries, des étables, une forge et des remises spéciales pour les machines agricoles. Nous n'employons que des machines perfectionnées, le plus souvent des machines à vapeur. Toutes les réparations sont faites sur place par des ouvriers spéciaux. La ferme a ses maçons, ses charpentiers, ses forgerons, ses mécaniciens, aussi bien que ses laboureurs et ses bûcherons. C'est un petit monde complet.

« Au-dessous des surveillants en chef, il y a les surveillants ordinaires qui ont eux-mêmes sous leurs ordres 25 contremaîtres dirigeant chacun une équipe, et chaque équipe ne comprend pas moins de 20 attelages. »

Dans les remises, en effet, les visiteurs comptèrent cent moissonneuses perfectionnées et vingt batteuses à vapeur. Dans les écuries de proportions monumentales, chevaux et mulets se comptaient par centaines.

« Pendant l'hiver, reprit M. Dubois, le travail chôme un peu. Durant six mois, les animaux ne sortent pas de l'étable. Nous utilisons ce répit obligé en bûchant des bois dans les forêts, soit pour le chauffage, soit pour les charpentes de nos bâtiments. L'hiver d'ailleurs nous est propice; c'est ce froid bienfaisant qui, gelant la terre à une profondeur extraordinaire, la désagrège et la prépare à recevoir les semences; de même, grâce à la gelée qui a glacé le sol pendant l'hiver, nos semailles y trouvent, en temps de sécheresse, une humidité nourricière.

« Le peu que vous pourrez voir de la ferme en cette saison, ajouta M. Dubois, ne vous donnera qu'une idée imparfaite de ce qu'elle est pendant la saison active et du travail que nous accomplissons alors. Au moment de la récolte, nous mettons sur pied une armée d'ouvriers. Armée est le mot, car nous appliquons à l'agriculture le système militaire : même discipline, même hiérarchie, même division du travail. J'ai le pouvoir et la responsabilité d'un général en chef. Le moment venu, je distribue mes hommes, je dispose mes machines sur nos champs de blé comme le général dispose ses soldats et son artillerie sur un champ de bataille. Quand tout est prêt, c'est avec une précision mécanique que mes soldats laboureurs s'élancent à la conquête du sol vierge.

— Bravo, mon général! s'écria le capitaine Hendricksen.

— Nos champs de blé, reprit M. Dubois, c'est au moment du labour que vous devriez les voir, quand nos énormes charrues tirées par quatre mules chacune, creusent dans cette belle terre noire et luisante un sillon ininterrompu de quatre kilomètres de longueur! Malheureusement, nous manquons de bras.... Nous payons nos moissonneurs 12 francs par jour, et nous n'en trouvons pas. Ah! si les Français qui chaque année s'expatrient et vont chercher fortune dans des pays de langue et de mœurs étrangères, aux États-Unis et dans l'Amérique du Sud, venaient ici, que de déceptions ils s'épargneraient, et comme ils seraient reçus à bras ouverts! Nous avons encore 3000 hectares en friche; ici ce sont les bras qui manquent à la terre : c'est la fortune pour les premiers arrivants.

— Que mes compatriotes ne sont-ils là pour vous entendre! s'écria Jean-Paul avec plus de chaleur qu'il n'en mettait d'habitude dans ses paroles. Pour ma part, ajouta-t-il en souriant, quand j'aurai l'âge où l'on s'aperçoit qu'il est grand temps de chercher fortune, je viendrai frapper à votre porte, monsieur Dubois, s'il n'est pas trop tard.

— Vous serez toujours le bienvenu. »

Gentilhomme campagnard plutôt que fermier, M. Dubois était un homme d'une éducation affinée, d'une instruction étendue. Le travail manuel est en honneur au Canada et les fermiers qui sont très souvent des agronomes de premier mérite sont reçus dans la meilleure société des villes. L'habitation de M. Dubois, complètement isolée du bâtiment central de l'exploitation et de ses dépendances, meublée avec luxe, mais avec un luxe discret, était moins la demeure d'un fermier que celle d'un châtelain. Salle d'armes, salle de musique, bibliothèque fort bien garnie, elle renfermait tout ce qui donne du prix à la vie aux yeux d'un homme de goût.

« Savez-vous qu'auprès de vous on perd la notion du temps, dit un matin à M. Dubois le capitaine Hendricksen. Je m'endors dans les délices de Capoue.

— Pour vous réveiller, venez assister au travail de nos défricheurs. »

Quelques minutes après, un traîneau emmenait M. Dubois et ses hôtes à la limite des terres cultivées. Au delà commençait la forêt. La ferme de Saint-Jean se trouvait en effet sur la limite même de la plaine, à l'endroit où la prairie fait place aux premières ondulations et aux contreforts boisés qui annoncent le voisinage des montagnes Rocheuses.

A la suite de M. Dubois, le capitaine et Jean-Paul pénétrèrent sous bois et se trouvèrent bientôt en présence des défricheurs ou *squatters*. Le grand ennemi du colon, c'est la forêt. Le *squatter* lui ouvre les voies en la défrichant. A l'approche de l'hiver il s'installe dans le coin de forêt qui lui a été assigné comme champ d'action. Il commence par se construire une cabane rudimentaire en troncs d'arbres superposés dont il bouche les interstices avec de la mousse et de la terre glaise en guise de ciment. Puis il s'attaque aux troncs que sa puissante cognée abat l'un après l'autre.

La forêt est ainsi rasée par les *squatters* au niveau du sol. Restent les racines, souvent énormes, des arbres abattus. Comment les extirper? Au-dessus des souches, le *squatter* rassemble un amas de branches et y met le feu, le bûcher brûle, consumant la souche, et à la place de la forêt il n'y a plus qu'une couche de cendres fertilisantes.

— Mais, demanda Jean-Paul, en désignant un arbre à l'écorce rugueuse et noire, quel est cet arbre que l'on prend soin d'épargner, qui seul trouve grâce devant vos ouvriers?

— C'est l'érable à sucre, répliqua M. Dubois, un de nos arbres les plus précieux. Au mois d'avril, on perce, à un mètre cinquante de terre, deux trous dans le tronc de l'érable et on fait dans son écorce une ou deux incisions. Un tube placé dans chacune de ces incisions canalise la sève sucrée et la déverse dans des

Une hutte de *squatters* ou défricheurs.

augets placés au pied de l'arbre. Tous les jours pendant une quinzaine on recueille la sève contenue dans les augets; on la vide dans un grand bassin que l'on place ensuite sur un foyer. La partie aqueuse s'évapore et il ne reste plus qu'une matière sirupeuse qui, mise dans des moules, prend en se refroidissant la consistance et l'apparence de pains de sucre d'une belle couleur jaune. »

Au moment où M. Dubois achevait ces explications, un coup de feu retentit et Jean-Paul vit sortir d'une clairière, à quelque distance de l'entrée de la forêt, un animal bizarre au poil mélangé de blanc, de noir et de roux, ayant le mufle conformé comme celui du chameau, mais rappelant le cerf par son allure rapide et gracieuse.

« C'est un orignal, s'écria M. Dubois en sautant dans son traîneau; un de nos *squatters* vient de le blesser d'un coup de feu, suivons-le, il ne saurait aller bien loin. »

La pauvre bête fuyait éperdue en droite ligne, lorsque, tout à coup, à la grande surprise de Jean-Paul, on la vit manifester la plus vive agitation, tourner sur elle-même comme indécise, s'arrêter et repartir. En même temps trois renards surgissant à toute vitesse d'un pli de terrain qui les dissimulait, s'élancèrent aux jarrets de l'orignal en le poursuivant de leurs glapissements.

Un des renards courait derrière lui, les deux autres étaient comme attachés à ses flancs. Il fut bientôt clair qu'ils essayaient de lui faire rebrousser chemin et de le ramener vers la forêt d'où il s'enfuyait.

Ils y réussirent et la malheureuse bête, ainsi traquée, allait rentrer sous bois, quand M. Dubois montra du doigt à Jean-Paul un des arbres les plus voisins de la lisière de la forêt. Sur une branche basse, couché et comme enveloppé d'une queue épaisse plusieurs fois repliée autour de son corps, un animal de la taille d'un énorme chat ou d'un petit tigre se tenait immobile, les yeux luisants de convoitise à la vue de l'orignal qui se rapprochait.

« C'est un carcajou, dit M. Dubois à voix basse, l'ennemi juré de nos trappeurs dont il dérobe avec une habileté sans pareille les appâts sans se laisser jamais prendre à leurs pièges.... Il sait employer toutes les ruses et les déjouer toutes.... Attendez un instant, vous allez voir de quoi il est capable.... »

L'orignal était arrivé près de l'arbre où le carcajou se tenait caché, avec la fixité du chat qui guette l'oiseau. Au moment où il passait sous la branche qui supportait le carcajou, celui-ci, d'un bond, s'élança sur sa proie et, se tenant sur elle comme un cavalier accompli, entoura le cou de l'orignal de sa queue touffue comme pour l'étouffer, en même temps que de ses dents acérées il lui fouillait les chairs en essayant de lui rompre la veine jugulaire.

En vain l'orignal bondit en l'air, en vain il s'agenouilla subitement, faisant mine de s'abattre dans la neige, ses sauts désespérés ne firent pas lâcher prise à son terrible cavalier et les griffes du carcajou s'enfoncèrent plus avant dans les chairs de sa victime. Peu à peu les saccades de l'orignal se font moins violentes, son sang coule et sa vie s'échappe par la plaie béante du cou; ses jarrets plient; il s'affaisse pour ne plus se relever; il est à son vainqueur.

Les trois renards s'étaient rapprochés, la queue frétillant d'aise, pour avoir part au régal, tout en restant à distance respectueuse du carcajou.

Bon appétit surtout; renards n'en manquent point.

Le carcajou est bon prince en effet : il a l'habitude de partager son festin avec ses compères les renards qui le lui ont préparé en lui servant de rabatteurs. Mais ce jour-là il avait compté sans son hôte.

« Halte-là, maître fripon, part à deux! » s'écria M. Dubois. Et épaulant le magnifique fusil à répétition qu'il portait toujours en bandoulière dans ses excursions, il fit feu sur le carcajou qui tomba mort sur les flancs de sa victime, tandis que les trois renards fuyaient, comme les renards savent fuir.

« Vous venez d'assister à un des innombrables drames dont nos forêts sont le théâtre », dit M. Dubois à Jean-Paul encore tout remué par l'émouvant spectacle de cette chasse d'un nouveau genre, où les chasseurs étaient chassés et qui les avait entraînés jusqu'aux confins des

Le paysage était devenu triste et grandiose.

montagnes, dans un paysage triste et grandiose. « Il y en a de plus terribles, ajouta M. Dubois, car l'année dernière, nos gens, encouragés par une prime que je leur accorde pour chaque fourrure qu'ils me rapportent, n'ont pas tué moins de vingt-six ours sur le territoire de la ferme ou dans les forêts avoisinantes.

— Peste, s'écria Jean-Paul en riant, le pays est giboyeux.

— Tel est pris qui croyait prendre, à trompeur trompeur et demi », reprit M. Dubois en se baissant pour faire admirer à ses hôtes la magnifique fourrure du carcajou.

Il fallut songer au départ. Ce ne fut pas sans regrets que nos deux amis quittèrent l'hospitalière maison de M. Dubois.

« Revenez-nous bientôt, dit M. Dubois à Jean-Paul et au capitaine, et tâchez que ce soit pour rester auprès de nous.

— Je suis bien vieux pour faire des projets, répliqua le capitaine Hendricksen. On n'en fait plus à mon âge qu'un seul, ajouta-t-il en riant, celui de mourir le plus tard possible.

— Ma foi, dit Jean-Paul, si j'étais libre,

c'est moi qui vous demanderais de me garder à Saint-Jean. Il y a ici de quoi tenter l'activité d'un jeune homme qui débute dans la vie. Et puis cette vie proche de la nature, où l'on est son maître, ne rappelle-t-elle pas par son indépendance la vie du marin?

— Ingrat, reprit le capitaine Hendricksen, voici que déjà vous êtes infidèle à la mer.

— Laissez dire notre ami, conclut M. Dubois, et rappelez-vous qu'il y aura toujours place ici pour vous. »

CHAPITRE XVI

Les montagnes Rocheuses. — Le chemin des avalanches. — Les placers d'or du Caribou. — 10 000 francs par jour. — Une partie de quilles coûteuse. — Régal forcé. — Victoria. — Cimetières suspendus. — Un modèle de piété filiale.

A Galgary nos voyageurs reprirent la grande ligne transcontinentale du chemin de fer Canadien-Pacifique.

C'est là que commence la traversée des montagnes Rocheuses. La voie ferrée suit, à travers un pays bouleversé, le cours tortueux de la rivière Bow, rivière sans vallée, encaissée entre des amas de rochers éboulés. Ses eaux rugissent furieusement en bondissant d'écueil en écueil, et leur écume, réduite en une poussière liquide, est emportée comme un embrun jusqu'au train avec lequel elles semblent vouloir lutter de vitesse. La voie ferrée la remonte jusqu'à sa source, qui sort du rocher sous forme de cascatelles murmurantes.

Çà et là une fracture dans le roc découvrait un coin de forêt boréale, asile du terrible ours gris, l'hôte habituel des montagnes Rocheuses, des sapins de dimensions extraordinaires dont la sombre verdure s'harmonisait avec la nature sauvage et tourmentée du paysage.

« Quelle est, demanda Jean-Paul à un de ses compagnons de route, cette bande nue et dévastée, ce long sillon désolé qui coupe la montagne comme une gigantesque balafre?

— C'est le chemin des avalanches. Chaque année, presque à jour fixe, l'avalanche se détache du sommet de la montagne et, suivant le chemin qu'elle s'est tracé comme un fleuve suit son lit, elle s'abat avec un fracas de tonnerre sur le versant de la montagne. »

Jean-Paul remarqua que pour protéger la voie contre les avalanches, on l'avait recouverte d'une galerie boisée en forme de toit. Cette galerie n'arrête pas, mais fait dévier seulement les avalanches qui passent par-dessus le chemin de fer sans interrompre leur terrible

Le Fraser et le chemin de fer Pacifique-Canadien.

descente, qui ne s'achève que dans le fond des vallées ou le lit des ravins.

La locomotive toujours soufflant et comme haletante montait toujours. Ce ne fut pas sans émotion que Jean-Paul vit le train s'engager dans la « passe », effrayant défilé creusé dans le roc entre des montagnes abruptes de 3000 mètres de hauteur. Des deux côtés de la voie, sur le flanc de la montagne, des cascades figées par le froid laissaient pendre de magnifiques cristaux, d'invraisemblables stalactites dont les longues aiguilles ressemblaient de loin aux tuyaux d'un orgue fantastique.

A Summit City, le capitaine informa Jean-Paul qu'ils avaient atteint le point le plus élevé de la ligne ferrée (1600 m.). Le coup d'œil était imposant. Les montagnes Rocheuses apparaissaient dans toute leur beauté, « monarques couronnés de diadèmes de neige, sur des trônes de rocs, dans des robes de nuages. »

Tantôt leurs cimes neigeuses se perdaient dans le ciel, tantôt elles se projetaient en longues aiguilles âpres et droites dominant de leur grise nudité les sombres plateaux ; ici c'était un entassement chaotique, là comme l'architecture grossière et superbe d'un peuple de géants, des silhouettes ébauchant vaguement quelque nef gigantesque, des tours de cathédrale, des flèches de massifs clochers.

La voie était creusée dans le roc vif. Dans le court trajet de 26 kilomètres, Jean-Paul ne compta pas moins de 13 tunnels, 22 grands ponts. La descente sur le versant du Pacifique, plus incliné que celui de l'intérieur, eut lieu avec une effrayante rapidité. Mais à quel prix a-t-on pu établir les rampes d'accès! Entre les deux versants opposés de la dernière chaîne qui sépare le Pacifique de l'intérieur, il n'y a pas moins de 500 ponts ou viaducs!

Une excursion aux mines d'or du Caribou, sur les bords du Fraser que longe la voie ferrée jusqu'à Port-Moody, son point terminus, sur le golfe de Géorgie, interrompit la dernière étape du voyage de nos deux amis.

Les placers sont situés au pied du Caribou, enchevêtrement de collines et de montagnes ravinées dont d'épaisses forêts de sapins tapissent les flancs jusqu'à 2500 mètres d'altitude.

Une gorge dans les montagnes Rocheuses.

Autour du Caribou la branche principale du Fraser s'enroule en un repli circulaire.

Dans cette région, l'or est partout. On le découvrit d'abord sur les bancs de sable du Fraser inférieur. On le suivit en quelque sorte à la trace en remontant la rivière jusqu'aux ruisseaux qui descendent du Caribou.

Le placer le plus fameux, celui de William's Creek, tire son nom d'un des deux mineurs qui le découvrirent. Ils s'appelaient William Dietz, Prussien d'origine, et Rose, Écossais. Après l'avoir exploré, ils s'en allèrent, avec l'insouciance habituelle au mineur, chercher fortune ailleurs. Quelques mois plus tard des mineurs trouvaient dans le désert le corps de Rose. Sa tasse d'étain était suspendue à une branche de l'arbre sous lequel son cadavre était étendu. Avant d'expirer il y avait gravé avec la pointe de son couteau son nom et ces mots : « Je meurs de faim. » Quant à Dietz, il tomba dans la misère et fut réduit à tendre la main dans les rues de Victoria, la capitale de la Colombie.

Le capitaine Hendricksen et Jean-Paul, à qui ces détails furent donnés par un des surveillants de l'exploitation, visitèrent avec intérêt les principaux placers. Au Caribou, l'exploitation des terrains aurifères est loin d'être aussi perfectionnée qu'en Californie. Le pays est en effet accidenté, couvert de rochers et de bois qu'il faut d'abord raser pour mettre le sol à nu. On n'emploie pas comme en Californie de puissantes machines à vapeur broyant dans leurs mâchoires d'acier le quartz aurifère d'où on n'a plus qu'à séparer l'or par un lavage minutieux. Ici, on va chercher au moyen de puits de 10 à 15 mètres de profondeur la couche d'argile et de gravier qu'on appelle, d'un nom expressif, la *boue rémunératrice*.

Du puits on extrait la boue précieuse, comme l'eau d'un de nos puits, à l'aide d'un seau; on déverse cette boue dans une boîte à double fond sur laquelle on fait passer un courant d'eau amené, souvent de fort loin, par des auges en bois juxtaposées et formant canal. Le sable et les matières terreuses sont entraînés par les courants, l'or plus lourd tombe au fond de la boîte.

« Quelque primitif que puisse paraître ce

Les mineurs dans un placer du Caribou.

système d'exploitation, dit au capitaine le surveillant qui lui servait de guide, la richesse de nos placers assure un rendement considérable. La concession Cunningham, sur laquelle vous vous trouvez, a donné il y a quelques années pendant toute une saison 10 000 francs d'or par jour. Aussi payons-nous libéralement nos ouvriers. Il en est qui gagnent jusqu'à 80 francs par journée.

— Mais, demanda le capitaine, n'y a-t-il pas des mineurs exploitant les terrains pour leur compte?

— Les mineurs isolés sont de plus en plus rares. Leur outillage et leurs ressources sont insuffisants. Au début de l'exploitation, alors que l'or natif abondait dans le lit des ruisseaux, il y eut ici une invasion subite de chercheurs d'or. Allemands, Anglais, Italiens, Français et jusqu'aux Chinois eux-mêmes, tous ceux que travaille la fièvre de l'or accoururent de tous les coins de l'univers, population redoutable d'aventuriers prompts à jouer du couteau et du revolver, qui ne reconnaissaient d'autre loi que la loi de Lynch. Pour un qui trouva la fortune cent périrent de misère et de privations.

— Et parmi ceux qui la trouvèrent, demanda le capitaine, en est-il beaucoup qui surent la garder, ce qui n'est guère, paraît-il, moins difficile?

— Bien peu, en effet, échappèrent au vertige que donne aux têtes les mieux équilibrées la fortune subitement acquise. Grisés par leur richesse inespérée, les mineurs heureux imaginaient les plus folles prodigalités pour la dépenser, comme s'ils eussent voulu se prouver qu'ils la possédaient. Un d'eux descendit un jour à Victoria, convia quelques-uns de ses amis à une partie de quilles; et, en guise de quilles, il fit disposer des bouteilles de champagne qu'avec ses invités il s'amusa à renverser à coups de boule. Or, dans cet âge héroïque, la bouteille de champagne coûtait 25 francs à Victoria! Un autre, arrivé avec 175 000 francs en poche, entre dans un café et non content de faire servir du champagne à tous les assistants, il arrête de force les passants pour les régaler. Mais les passants n'étaient pas assez nombreux, ou la cave de l'hôtelier était trop bien fournie. Il y restait encore du champagne. Que fait notre homme? Il ordonne de remplir

Victoria, capitale de l'île de Vancouver et de la Colombie anglaise.

tous les verres vides et, de son bâton, il balaye le comptoir. Quand il repartit pour les placers, il n'avait plus un sou vaillant. »

Le 15 mars, le capitaine Hendricksen et Jean-Paul, après avoir franchi en bateau à vapeur le golfe de Géorgie, débarquaient à Victoria, la capitale de la grande île de Vancouver et de la Colombie britannique. Bâtie en amphithéâtre sur le bord de l'eau, Victoria, avec sa ceinture de bouquets de chênes émergeant d'un parc naturel accidenté par des amas de roches noires, semble jetée dans la clairière d'une forêt encore vierge.

C'est une ville neuve, pleine de mouvement, dont le chemin de fer Canadien-Pacifique a considérablement accru l'importance.

C'est ce qu'expliqua le capitaine à Jean-Paul en lui apprenant que Victoria était devenue l'une des principales étapes d'une des plus grandes routes du monde, depuis que la ligne la plus directe entre l'Europe et le Japon, de 3 000 kilomètres plus courte, grâce à sa situation septentrionale, que la voie qui emprunte le chemin de fer transcontinental des États-Unis, était précisément celle qui passe par le Canada et dont le Canadien-Pacifique forme le tronçon américain.

« Voilà certes, s'écria Jean-Paul, réalisé d'une façon bien inattendue le rêve des premiers explorateurs français qui parcouraient le Canada à la recherche de la route de la Chine! N'est-il pas curieux de constater que cette route passe aujourd'hui par le village même qu'ils appelèrent Lachine! »

La côte de la Colombie profondément découpée abonde en pêcheries renommées. A l'intérieur, ce ne sont que rocs, torrents et forêts. Le fond des vallées est fertile, mais elles sont étroites et coûteuses à défricher. La principale richesse du pays est dans ses bois et dans ses mines de fer et de houille.

Le capitaine Hendricksen, accompagné de Jean-Paul et du représentant de ses armateurs, passa plusieurs jours à visiter les scieries installées dans les anses du golfe de Géorgie; il y acheta plusieurs cargaisons de bois de chêne, de sapin et de ce fameux « pin de Californie » que la Colombie n'a pas à

Une machine pour extraire la tourbe.

envier à la Californie, malgré le nom qu'on a donné à cet arbre dont on fait les plus beaux mâts du monde. Ces cargaisons devaient être expédiées en Europe par la voie du cap Horn, à bord de quatre voiliers norvégiens, appartenant aux armateurs du capitaine Hendricksen, qui étaient en route pour Victoria.

Jean-Paul prit un vif intérêt à cette navigation de port en port, d'anse en anse, le long du golfe de Géorgie encadré de monts neigeux que domine le cône majestueux du Baker, volcan éteint de 4 000 mètres de hauteur. Il visita les tourbières, dans lesquelles d'immenses machines flottant sur les marécages coupent et draguent la tourbe, tandis que de petits vagonnets la portent au loin sur la terre ferme. Le golfe est parsemé d'îles innombrables qui rappellent, à l'autre extrémité du continent américain, les Mille-Iles du Saint-Laurent et qui en font, en été, un lieu enchanteur.

Sur le bord de l'eau, Jean-Paul visita plusieurs villages indiens, des « rancheries » aux huttes faites de blocs de cèdre mal équarris. Babylone avait ses jardins suspendus ; les

Indiens du golfe de Géorgie ont inventé les cimetières suspendus. Au lieu d'enterrer leurs morts, ils les mettent, avec les objets les plus précieux qui leur ont appartenu, dans des boîtes hautes et longues d'un mètre environ et moitié moins larges, de manière que les genoux du mort soient à la hauteur de sa tête, posture favorite des Indiens quand ils sont assis auprès du feu. Le cercueil est ensuite hissé sur un arbre où il demeure suspendu; tout autour, les parents disposent les armes du mort, ses arcs, son fusil, ses pagayes, ses peaux d'ours.

Jean-Paul ne put s'empêcher d'éclater de rire en voyant près d'un des cercueils suspendus flotter au vent, pauvre haillon décoloré par les intempéries,... une crinoline qu'une fille dévouée avait placée là pour la future femme de son père.

« Ce modèle de piété filiale, s'écria-t-il, a voulu sans doute que la femme qu'épouserait son père dans l'autre monde fût vêtue à la dernière mode, et la dernière mode des Indiennes, vous le voyez, capitaine, c'est la crinoline. O décadence de la crinoline! »

CHAPITRE XVII

Une lettre. — Proposition inattendue. — Le pour et le contre. — Le drapeau tricolore à Saint-Jean d'Athabasca, — Conclusion.

Il fallut se préparer au retour. Une lettre de M. de Mauriac avait annoncé au capitaine Hendricksen que les signes avant-coureurs de la débâcle commençaient à se manifester. Avant quinze jours le *Maëlstrom*, délivré de sa captivité, pourrait mettre à la voile.

La veille du départ, dans une dernière promenade, Jean-Paul s'attarda sur les quais. Il laissait ses yeux errer sur les flots du Pacifique, ayant peine à s'imaginer que le même Océan qu'il avait sous les yeux baignait les rivages de la Chine et du Japon et qu'il était moins éloigné de l'Extrême-Orient que de la France. Puis sa pensée le ramena vers les siens, heureuse et attendrie. Mais à la joie de son prochain retour auprès d'eux se mêlait le regret mélancolique de quitter ce beau pays et les amis si chers que son heureuse étoile et l'affection du capitaine Hendrcksen lui avaient fait rencontrer. Il n'allait les revoir que pour les quitter aussitôt et pour toujours peut-être... Pour toujours! Son cœur protestait contre une telle séparation et il sentait bien qu'il laisserait quelque chose de lui-même sur cette terre amie...

Quand, sa promenade achevée, Jean-Paul revint à son hôtel, on lui remit une lettre portant le timbre de Montréal. Elle n'était pas de son correspondant habituel, son fidèle ami Octave. Jean-Paul reconnut l'écriture de M. de Mauriac.

« Mon cher ami Jean-Paul, lui écrivait M. de Mauriac, les lettres du capitaine Hendricksen et celles que vous avez écrites à Octave m'ont tenu au courant des incidents de votre voyage. J'ai appris avec joie qu'il était à la veille de se terminer à votre satisfaction et que vous aviez fait provision de santé. Octave n'a pas été le seul parmi nous à vous regretter. Nous nous résignons mal à la pensée que nous n'allons vous retrouver que pour vous perdre presque aussitôt. J'ai cherché une combinaison qui pût concilier mes desseins pour l'avenir d'Octave et le désir que nous avons de vous garder, avec votre intérêt et celui de votre famille. Je crois l'avoir trouvée et je vous la soumets.

« On m'assure que, pendant votre séjour à Saint-Jean, vous avez manifesté pour l'existence active de nos compagnons de là-bas un goût très vif. Ce goût est-il chez vous l'indice d'un commencement de vocation? Interrogez-vous et si l'occasion de rester parmi nous peut vous tenter, vous répondrez à nos vœux en saisissant celle que je vous offre. Je destine à mon fils Octave la direction de l'exploitation agricole de Saint-Jean. En attendant, pour lui permettre de faire l'apprentissage de sa profession de gentilhomme-fermier, j'ai dessein de le confier, dès la fin de cette année, aux soins entendus et à la sollicitude de notre vieil ami M. Dubois. Je serai très heureux, mon cher enfant, de confier à M. Dubois deux fils au lieu d'un, si vous voulez bien accompagner Octave.

« Vous avez, quoique bien jeune, accepté courageusement de lourdes charges de famille. A Saint-Jean il y aura place, à côté de vous, pour tous les vôtres. Ils y seront les bienvenus et leur sort y sera largement assuré, car nous manquons de colons, et ils nous rendront service en venant chez nous. Vous-même, mon cher enfant, vous trouverez sans doute dans cette vie appropriée à vos goûts et dans une situation que votre bonne conduite et vos habitudes laborieuses ne tarderont pas à rendre enviable, plus d'un dédommagement aux débuts pénibles de votre existence. La destinée vous doit cette réparation, et mon amitié sera heureuse de l'aider à s'acquitter envers vous... »

Jean-Paul s'empressa de communiquer au capitaine Hendricksen la lettre qu'il venait de recevoir, sans lui cacher la perplexité où le jetait la proposition généreuse de M. de Mauriac. Sans doute elle ouvrait aux siens un avenir inespéré. S'il l'acceptait, sa bonne mère ni lui ne connaîtraient plus les mauvais jours et ce souci rongeur du lendemain qui empêche de jouir du présent et empoisonne la joie de vivre.

Mais ne se devait-il pas à son pays, avant même d'être aux siens? Comment, le moment venu, acquitterait-il la dette sacrée, comment payerait-il à la France l'impôt du sang? Et puis, il lui faudrait renoncer à la mer.... Adieu les longs voyages, la lutte contre les flots démontés, cette bataille de tous les instants qui est la vie du marin; adieu les horizons infinis, l'immensité de l'O éan où l'on se sent comme perdu, plus près de Dieu et plus immédiatement sous sa main!

Pendant les cinq jours que dura le voyage, ininterrompu cette fois, de Victoria à Montréal, le capitaine Hendricksen examina longuement avec Jean-Paul la situation sous toutes ses faces. Il lui démontra que son devoir et son intérêt étaient d'accord pour lui commander d'accepter la proposition de M. de Mauriac, et il finit par avoir raison de ses scrupules.

A bout d'arguments, Jean-Paul s'écria en riant : « C'est une trahison, capitaine! Eh quoi! c'est vous, un marin, qui m'engagez à déserter la mer!

— En été vous aurez la ressource de canoter sur le lac Sainte-Anne. Qui sait même s'il n'a pas ses tempêtes?

— Oh! des tempêtes dans un verre d'eau... Me voyez-vous marin d'eau douce, amiral suisse?

— Pourquoi pas? Moi-même dans quelques années, quand nous aurons fait notre temps, le *Maëlstrom* et moi, je vous promets de venir me ranger sous les ordres de l'amiral suisse et partager ses dangers. »

Le 20 avril, le *Maëlstrom* faisait voile pour la France. Le voyage fut heureux et rapide. Deux mois après son retour à Trescoff, Jean-Paul, assuré qu'il pouvait quitter la France sans manquer à aucun de ses devoirs, puisqu'il était dispensé du service militaire comme fils aîné de veuve, s'embarquait au Havre avec tous les siens à bord du paquebot *Géographique* de la ligne franco-canadienne.

Le bassin du Commerce dans le port du Havre

Là-bas, sur l'emplacement où était jadis la lisière de la forêt, théâtre des ruses et de la fin malheureuse du carcajou, s'élève, au milieu d'un riant jardin, une maison de bonne apparence. A l'intérieur, tout respire l'aisance et la joie. Aux jours de fête, le drapeau tricolore flotte au-dessus du toit. C'est la maison où habite avec sa mère, la veuve du pêcheur de Trescoff, le surveillant en chef de la quatrième section de la grande ferme de Saint-Jean.

Les petits sont devenus grands, la bonne vieille seule a rajeuni, car le bonheur rajeunit, surtout quand le bonheur vient, aux parents, de leur fils. La même affection fraternelle unit Jean-Paul et Octave. On a souvent des nouvelles du capitaine Hendricksen : il se plaint de ses rhumatismes et parle quelquefois de venir prendre sa retraite à Saint-Jean, mais la vérité, c'est que le vieux capitaine ne peut se résigner à quitter son vieux *Maëlstrom* : chacun des deux attend pour s'en aller que l'autre le quitte le premier, et c'est pourquoi le capitaine Hendricksen ne mourra qu'à bord du *Maëlstrom*.

Jean-Paul ne regrette pas la mer. Quand le

soir, la journée terminée, il regarde autour de lui, qu'il observe le doux sourire de la vieille mère, qu'il entend les joyeux propos de ses frères qui rentrent le corps las d'une bonne et saine fatigue, le rire clair de maître Pierre, qu'on n'ose plus appeler Pierret, et qu'il voit par-dessus tout cela un bon air de prospérité et comme un parfum de bonne humeur et d'honnêteté répandu, Jean-Paul se sent comblé de bénédictions. Il éprouve une joie bien douce, il goûte le seul bonheur qui ait un lendemain, celui d'avoir fait des heureux.

TABLE DES MATIÈRES

CHAPITRE I

Le départ. — Terre-Neuve. — La vie du pêcheur de morue. — Égarés en pleine mer. — Un voyage involontaire........ 1

CHAPITRE II

L'entrée de la France d'Amérique. — Le golfe du Saint-Laurent. — L'hivernage dans l'île du Prince-Édouard. — Un service postal dangereux. — Le bateau-patin. — Une traversée sans agrément. — Le « spectre du Saguenay »........ 14

CHAPITRE III

Québec. — Un véhicule trop élastique. — Une vieille ville française en Amérique. — La Terrasse. — La *Marseillaise* à Québec........ 25

CHAPITRE IV

Une lettre de France. — Les boules de neige de Pierret. — Montcalm. — La mort d'un héros........ 35

CHAPITRE V

La campagne de Québec. — L'*habitant*. — Une ferme du Bas-Canada. — Peaux-Rouges et Indiens civilisés. — Un poisson glouton........ 45

CHAPITRE VI

Les bateaux-hôtels du Saint-Laurent. — Une collision. — Le *Maëlstrom* fait eau. — Hivernage forcé. — Une proposition du capitaine Hendricksen............. 60

CHAPITRE VII

Nouvel apprentissage. — La famille de Mauriac. — Bienfaisance et discrétion. — Un examen sur l'histoire du Canada.............................. 76

CHAPITRE VIII

Fondation de Montréal. — De nouveaux croisés. — Les exploits du féroce Iroquois. — Un autre chevalier sans peur et sans reproche. — Héroïsme de Maisonneuve. — La chasse à l'Indien. — La chienne *Pilote* et ses petits.................................... 85

CHAPITRE IX

Une aurore boréale. — Le Paris de l'Amérique. — Le réveil du Saint-Laurent. — Embâcle et débâcle. — Un pont de trois kilomètres........................ 99

CHAPITRE X

Des sauvages dégénérés. — Un site enchanteur. — Le lac des Mille-Iles. — Un jardin sous les eaux. — Les rapides du Saint-Laurent. — Un moment d'émotion. 115

CHAPITRE XI

L'hiver. — Les traineaux canadiens. — Les clubs de patineurs. — Une catastrophe. — Engloutis sous la glace. — Une situation désespérée. — Double dévouement.. 130

CHAPITRE XII

En vacances. — Une toupie pour grandes personnes. — En *toboggan*. — Le yacht à glace. — Un véhicule dangereux. — La récolte de la glace. — Le carnaval de Montréal. — Le palais de glace................. 148

CHAPITRE XIII

En route pour le grand Ouest. — L'Ottawa. — La terre promise des bûcherons. — Les trains de bois. — Les *glissoires*. — La *fête des arbres*.................... 172

CHAPITRE XIV.

Le chemin de fer *Canadien-Pacifique*. — La *prairie*. — Une ville improvisée, Winnipeg. — Un Français d'Amérique. — Trappeurs et fourrures. — La chasse au bison. — 1600 peaux d'ours.................... 192

CHAPITRE XV

Destination inconnue. — Une ferme du grand Ouest. — Un gentilhomme-fermier. — Les *squatters*. — La récolte du sucre d'érable. — Orignal et carcajou. — Une chasse émouvante. — Dénouement imprévu.... 217

CHAPITRE XVI

Les montagnes Rocheuses. — Le chemin des avalanches. — Les placers d'or du Caribou. — 10 000 francs par jour. — Une partie de quilles coûteuse. — Régal forcé. — Victoria. — Cimetières suspendus. — Un modèle de piété filiale.................... 239

CHAPITRE XVII

Une lettre. — Proposition inattendue. — Le pour et le contre. — Le drapeau tricolore à Saint-Jean d'Athabasca. — Conclusion.................... 261

Coulommiers. — Imp. P. BRODARD et GALLOIS.

Coulommiers. — Imp. P. Brodard et Gallois

Paris. — Imp. E. CAPIOMONT et Cie, rue des Poitevins, 6.

www.ingramcontent.com/pod-product-compliance
Ingram Content Group UK Ltd.
Pitfield, Milton Keynes, MK11 3LW, UK
UKHW020437200726
13857UKWH00002B/456